# 情報公開法

これでいいのか

霞が関に風穴は開いたか

中島昭夫

花伝社

# はじめに

「国立病院の医療事故一四七件　昨年まで二年、厚労省開示」

こんな見出しの記事が、二〇〇二年三月五日、朝日新聞夕刊一面に載った。全国の国立病院や療養所が厚生労働省に報告した医療事故について伝えるもの。記者の公開請求に対し同省が開示した資料から判明したという。記事の書き出しには「多岐にわたる事故内容が一括して開示されたのは初めて」とある。

事故の種別として、「手術時にガーゼ、チューブなどを体内に取り残した事故が約四十件、人工呼吸器などの操作ミスが約三十件、調剤・投薬ミスは約二十件。心停止になった事故も複数あった」と伝える。さらに「患者の生死は開示されなかった」が、資料分析と裏付け取材によって、これらの事故で「少なくとも十五人が亡くなった」とし、このうち「三件はすでに病院側が発表していたが、残りは今回初めて明らかになった」と記す。

これを受けた社会面では、「繰り返す単純ミス」の見出しのもと、「点滴操作誤り未熟児死亡」「頭部手術で左右を間違え」「違う薬　二週間飲ませ続け」など、基本を怠った重大な事故の典型例を詳しく紹介している。

厚生労働省は初め、報告件数などを除いてほとんど墨塗りとした。記者が異議を申し立て、第三者機関の情報公開審査会が不開示の当否を審査した結果、開示の大幅拡大を求める答申を出し、この日の開示となった。答申が開示すべきだとした情報は、⑴事故の日時、患者の初診日、受診科⑵事故にかかわる医療行為と原因（患者の病状などにかかわる部分を除く）⑶主治医、執刀医、介護者の氏名⑷患者家族に渡した謝罪文の内容⑸院内で事故例を検討した委員会の議事録――など。答申は「医療事故の公表は社会的要請」と基本的な考えを示し、患者家族の了解や医療機関の判断でさらなる情報の公表は可能とした。

同紙はこの答申についても、〇二年一月九日、夕刊の一面トップで「国立病院の医療事故、『担当医など開示を』情報公開審が初基準」の見出しで伝えていた。

厚生労働省はその後、大規模な病院に医療事故の報告を義務づけ、その結果を第三者機関が定期的に公表する制度を設けている。

このような画期的な情報公開が実現したのは、二〇〇一年四月に施行された情報公開法の仕組みと法的な拘束力によるものである。

日本の情報公開制度は自治体が先行し、一九八二年に初めて山形県金山町で、次いで八三年に神奈川県で情報公開条例が施行された。国はこれに遅れること、ざっと二十年。制度の最先端をいくといわれる米国の情報自由法（The Freedom Of Information Act、略してFOIA）の施行は一九六七年だから、それから三十数年たって、ようやく日本にも、国際標準ともいうべきこの制度が導入されたのである。

広く有識者を集めた政府の行政改革委員会が法要綱案をまとめたとき、行政法学者の専門委員はこの法律を「劇薬」にたとえた。制定時には「官庁革命」などともてはやされた。そして、〇五年四月、施行から丸四年がたった。はたして、「革命」はどれほど進んだであろうか。

筆者が所属していた朝日新聞社は、情報公開法を新たな取材の手段にしようと活用に取り組んだ。全国四本社の記者から請求案を募り、法施行と同時にほぼ全省庁に対し一斉請求した。その数は追加分も含め、ざっと一千件にのぼる。筆者はプロジェクトの事務局を務めた。

情報公開法には、請求文書の開示を省庁が拒んだときの救済の仕組みがある。その要は審査会である。プロジェクトではこの仕組みを使い、不開示決定に対し三百件以上で不服を申し立てた。審査会が最初の二年間に出した答申のうち、記者らの関係分は全体の四分の一を占めた。その一つが上記の医療事故報告書に関するものである。

ほかにも、中央省庁と関係がある営利企業へ再就職した課長補佐級以下のいわゆるノンキャリアの国家公務員は、公開請求までの三年間で約二千五百人にのぼることが、人事院などが初めて開示した審査資料で明らかになった。この資料も墨塗りが多かったが、審査会は氏名や企業名だけでなく、本人が所属していた省庁と再就職先の取引関係などの情報も開示するよう求めた。この結果、約四割が勤務していた工事事務所や郵便局の事業発注先の企業に天下りし、このうち約百六十人は、受注事業の入札や契約事務に直接関与していたことが分かった。人事院は毎年、資料を公表するようになった。

終戦直後の昭和天皇・マッカーサー連合国軍総司令官の会見は記録の存否すら不明だったが、公開請求で少なくとも第一回分の存在が判明。最初は不開示とした外務省は、答申をもとに全面開示に切り替えた。

審査会に頼らず、省庁がすぐに開示したケースは少なくない。巨額な赤字を抱えていた旧国鉄の分割・民営化を論議し、政治家の圧力排除が大きな課題だったことを伝える政府の諮問機関の専門部会議事録もその一つである。また、宮城県の情報公開条例の改正をめぐって知事と激しく対立してきた県警本部がその応酬の様子を具体的に記した報告書も警察庁によってほとんどが開示された。

このように、「劇薬」の効果は確かである。

だが一方で、特定の分野や、文書の性格、内容によっては、秘密の厚い壁はいっこうに変わらない。「答申はなぜ省庁の杓子定規な言い訳にお墨付きを与えるのか」「対象文書がないなんて信じがたい」「なぜ法の対象外や適用外なのか」「決定や諮問になぜ、こんなに月日がかかるのか」……。不満の声は記者らに限らず、一般の国民や市民にも絶えない。

これらの体験を通して浮かび上がった同法の威力と限界、その仕組みと運用の問題点、改善の望ましいあり方についてまとめたのが本書である。

同法はその付則で、施行後四年を目途とした法の見直しを政府に求めている。これに従って、総務省は二〇〇四年四月、副大臣主催の「情報公開法の制度運営に関する検討会」を発足させ、一年がかりでメンバーの専門研究者らが見直し作業を進めた。本書が指摘する論点の多くは、事務局の総務省による調査資料や検討会の討議でも取り上げられた。

しかし、〇五年三月の見直し報告書では、改善策は法改正ではなく運用面に限られ、しかもそのほとんどを省庁の裁量に委ねた。法案づくりの段階からの積み残し課題も先送りが目立つ。抜本改革にはほど遠い。

「政府の諸活動を国民に説明する責務が全うされるようにするとともに、国民による行政の監視・参加の充実に資する」(「情報公開法要綱案」の「第一 目的」から)はずであった法律が、法案づくりも、その見直しも、政府の手に任せるという論理矛盾が露呈したといってよい。

抜本改革の役目は、本来の主役である国民とその代表である国会の手に取り戻さなくてはならない。本書がその一助となることを切に願う。

# 第一章　霞が関に風穴は開いたか

## 非公開から一転、全面公開へ

法務省から筆者にあてて一片の通知が届いた。開くと、ときの法務大臣が発信人。「決定書」のタイトルで、「主文」にこう書かれていた。

「本件異議申し立てに係る不開示決定を変更し、その全部を開示する」

二〇〇三年四月のことである。

公開するというその文書は、「処分請訓規程」と呼ばれるもの。後日、公開されたら、A４サイズ二枚の簡略な内容だった。外患、国交に関する罪や日米地位協定に伴う刑事特別法が定めた罪、など八種類の重大な特定犯罪について、地検が捜査した場合、事件の起訴・不起訴を決める前に上級の高検検事長、検事総長の指揮を仰がなくてはならないとする取り決めと手続きを記した内部規則である。

三十数年前、北海道立札幌医科大学付属病院で日本最初の心臓移植手術となった「和田心臓移植」が行われた。執刀医が殺人罪で告発されるなど社会問題に発展したが、結局は不起訴となった。筆者らは、その真相に迫ろうと、当時の捜査記録のほか、検察内部の連絡文書にも着目し、発信の根拠を探るなかで、この内部規則を二〇〇一年十月、情報公開法に基づいて法務省に請求した。

だが、二カ月後の回答は、「不開示」だった。

その決定通知で、法務省は非公開の理由をいくつも並べ、原則公開の例外情報を定めた情報公開法第五条三号から六号までの不開示情報のどれにも該当するとした。その理由はこんな風だった。

「刑事事件に関する法務・検察内部の意思決定に関する情報が含まれており、公にすることにより、意思決定の中立性が不当に損なわれるおそれがあるのはもちろん、犯罪の予防、鎮圧又は捜査、公訴の維持その他の公共の安全と秩序の維持に支障を及ぼすおそれ及び事務の適正な遂行に支障を及ぼすおそれがあり、ひいては、国の安全が害されるおそれがある……」

一般的な手続きを記したたんなる規則のなかに、個別事件に関する記述や、被疑者や被告、検察関係者らの氏名などが載っているわけもない。それなのに、いくつもの「おそれ」を並べ立てた非公開の理由はあまりに針小棒大と思えた。筆者は〇二年二月、同省に異議を申し立てた。

同省は半年後、決定の当否を判断する内閣府の情報公開審査会に諮問した。併せて提出した理由説明書でもなお、「本文書による報告等対象となる犯罪が一定の重大犯罪であることから、国家自体の転覆等を意図した確信犯的・組織的な犯罪集団によって、上記報告や指揮を行う者の生命・身体・財産等に向けられた犯罪を誘発することも十分に予想され……」などと主張した。

これに対して筆者は、「そのような誇張を『白髪三千丈』といい、そのような『おそれ』は杞憂にすぎない」との反論書を提出した。情報公開審査会には、行政機関に文書を提出させ、非公開とすべき必要性をじかに確かめる「インカメラ審理」をする権限がある（法第二七条）。筆者は審査会に対しこの権限行使を求め、行使すれば、法務省の主張が「大山鳴動して鼠一匹」のたぐいであることが判明するだろうと訴えた。

## 審査会答申の「実績」が後押しか

そのすえに届いたのが、諮問を取り下げたうえでの冒頭の決定書だ。「決定の理由」には、公にした場合の問題点を再度検討した結果、「おそれ」は「あるとは認められないという結論に至った」とある。審査会の答申を待たず、なぜ、いまごろ再検討したかについては何も書かれていなかった。

だが、公開による実質・具体的な支障を問う審査会の聴取に加え、それまでの審査会の役割の「実績」が同省に重くのしかかったに違いない。なぜなら、行政機関が対象文書の存在を認めたうえで非公開とした決定について、答申はすでに半数以上で全部または一部を取り消すよう行政機関に求めていたからだ。

審査会事務局によれば、施行から〇二年十二月までに出された答申は五百八十五件。そこから、省庁が対象文書を「不存在」としたか、文書の有無すら明らかにしない件を除くと三百七十三件。答申はこのうち二百十九件について決定の全部または一部が妥当でないとし、決定を取り消すよう求めた。内訳は決定の全部についてが三十五件、一部についてが百八十四件。つまり、判断の「逆転率」は過半数の五八・七％に達していたのである。

## 透明性の確保に考え出された制度

役所が仕事をするには文書が必要だ。事業をするにも予算を組むにも、何人もの上司から書類にハンコをもらう。税金を使うから、予算は議会のＯＫがいる。事業に先立ち住民と話し合えば、報告書を上司にあげ、事業決定にはまた上司らのハンコがいる。業者への発注前には見積もりをとり、競争入札にもかける。予算を使えば、領収書などの会計処理をして、年度を越えれば監査を受け、再び議会の決算承認を待つ。

役所は大勢の職員が組織として動く。しかも、活力を生み出し、業者などとの癒着や不正を防ぐために定期異動もやるから、文書がないと引き継ぎはむずかしい。毎年、同じ仕事もあれば、違うが似ている仕事もあって、継続性が大事だ。それには、文書をそれなりの期間、残しておかなくてはならない。

一方、公務員には徴税や用地の強制収用など、仕事を進める権限が与えられ、その引き換えに、個人情報など仕事に伴う一定の情報について守秘義務が課せられている。

ところが、その「守秘」が役所や職員のご都合主義やミス、はては癒着や不正までもしまい込む温床ともなってきた。市民社会の発展とともに、政治や行政の「透明性」が求められるようになったゆえんである。

そこで、国民主権のもと、透明性の確保に考え出されたのが、情報公開制度である。役所の文書を見れば、仕

図1　情報公開の仕組み

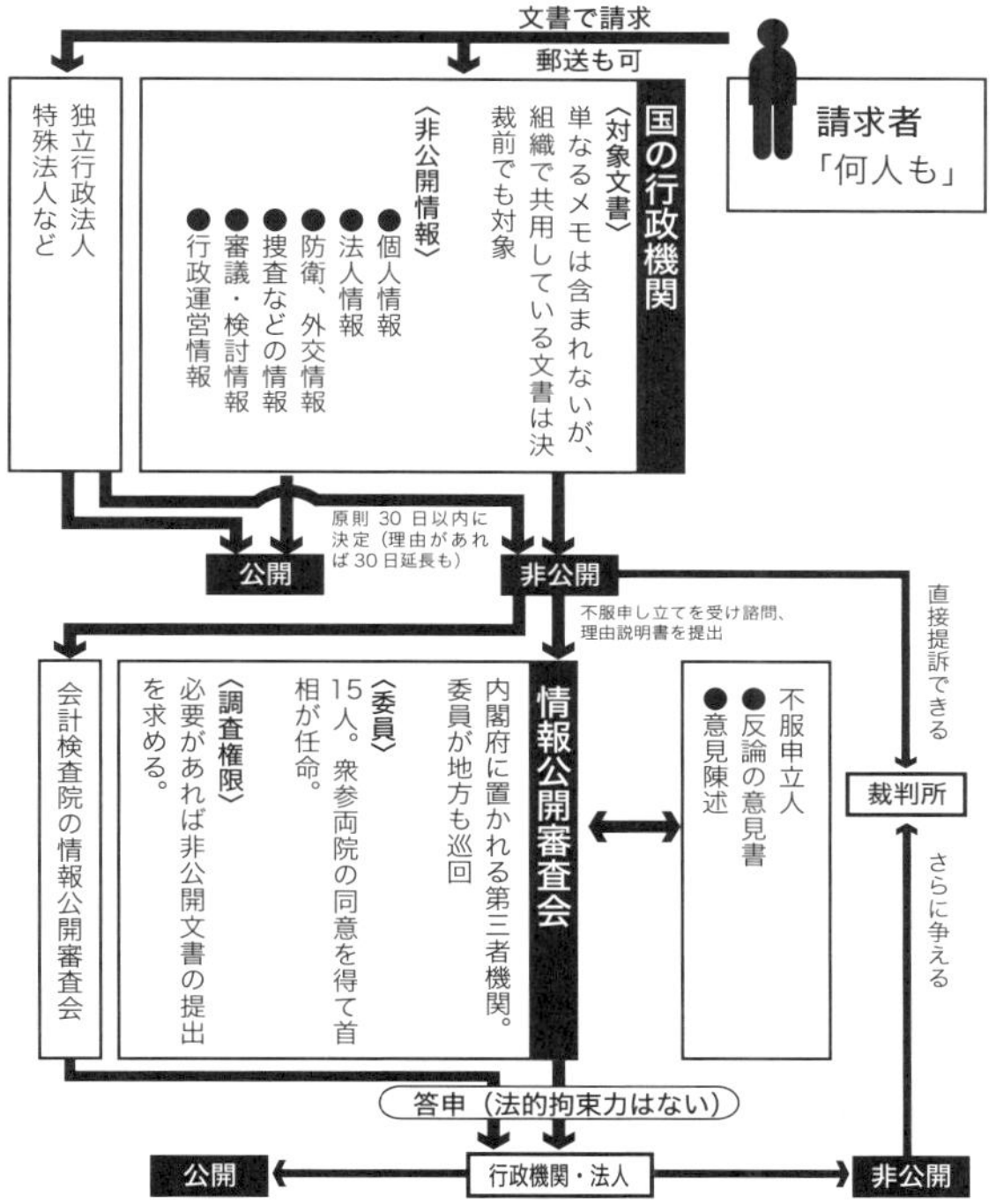


事ぶりが具体的に分かるからだ。公文書の公開を求める権利を市民に与え、行政機関にはこれに応じる義務を課す、法による仕組みである。

この制度は、欧州で長い模索のうちに発展し、三十数年前に導入した米国で花開いた。(注1) 日本では、二十年余りさかのぼる一九八二年施行の山形県金山町、翌年施行の神奈川県を先頭に自治体が条例あるいは要綱として先行し、広まった。国は九三年の連立政権誕生を待って法制化へ動き出し、九九年五月に制定、〇一年四月から施行された。

## 取り消し求める答申は非公開決定の四割

情報公開法が二〇〇一年四月に施行されて、〇五年三月末で四年たった。制度はどれだけ利用され、役所の秘密主義に風穴は開いただろうか。

総務省がまとめた施行状況調査(注2)によると、行政機関への公開請求は〇一年度四万八千六百七十件、〇二年度五万九千八百八十七件、〇三年度七万三千三百四十八件と増え続けている。これに加え、〇二年十月から特殊法人などを対象とする独立行政法人等情報公開法も施行された。こちらは〇二年度五千五百六十七件、〇三年度五千八百二十一件。

請求に対し、行政機関はどんな決定をしたか。内訳をみると、全部か一部を公開したのは、〇一年度から年度を追って全体の八八・六%、九五・七%、九六・二%と上向き傾向だ。法の仕組みに省庁職員も精通してきたのだろう。〇三年度の場合、全部公開は七〇・九%、一部公開は二五・三%。

一方、全部か一部を非公開とした決定について省庁に対し起こされた不服申し立ては、年度の順に千三百五十九件、九百十四件、千百五十八件と横ばい傾向だ。決定の当否を問う省庁からの諮問に対し、内閣府の情報公開審査会が出した答申は、各年度それぞれ百七十七件、五百四十件、七百七十三件と増え続けている。〇三年度は独立行政法人等への答申があらたに四十五件加わった。総計で八百十八件。類似の事案が増えるにつれ、審査のピッチは早まっている。

独立した会計検査院の情報公開審査会の答申は、各年度それぞれ一件、六件、十一件。

行司役である審査会は、請求者の「頼みの綱」である。その働きはどうか。まずは答申に示された判断で見よう。(注3)

内閣府審査会の事務局によると、施行後三年間に出された千五百三十五件の答申のうち、決定の全部について判断が妥当ではないとしたものが百十件（七・二%）、一部が妥当でないとしたものが四百九十七件（三二・四%）、全部について妥当としたものが九百二十八件（六〇・四%）で、決定変更を求めた答申は合わせて六百七件、全体の三九・六％にのぼる。

しかも、全答申のうち、文書「不存在」のケースが二百八十三件、文書の有無を明かさない「存否応答拒否」のケースが二百十二件と相当数が含まれ、それらのうち、判断が妥当でないとする答申はきわめて少ない。前者については、審査会が省庁の職員から聴取したり、事務局職員が省庁の書庫を現地調査したりして対象文書が見つかったケースが三十六件（一二・七％）あったが、ほかは省庁の説明を最終的に認めている。

後者は、請求文書の有無を答えるだけで、たとえば特定個人の犯歴や病歴が明らかになるとして、法第八条によって認められた決定だが、その適用が妥当でないとした答申は十八件（八・五％）にすぎない。

つまり、この両分野の答申を除いた千四十件でみると、判断は妥当でないとして決定の変更を求めた答申は五百五十三件、五三・二％と過半数を占める。

## 諮問の取り下げも相次ぐ

法務省の事例のように、審査会に諮問したあと、審議・調査のなかで決定の理由や文書管理の実情をただされるうち、諮問の全部あるいは一部を取り下げ、公開へ決定を変更するケースはしばしばある。

たとえば、こんな例――。茨城県東海村に核施設が相次いで建設されることになったいきさつを調べるため、記者が法施行と同時に内閣府、外務省に対し、当時の一九五七年の原子力委員会の議事録などを公開請求した。これに対し、外務省は二カ月後、四点の委員会資料を特定し、すべて非公開とした。不服申し立てを受けて審査会に諮問したが、〇二年六月に決定を取り消し、全部公開すると通知してきた。

その書面には概略、こう書かれていた。

「審査会の指摘などによって、（同省の）外交史料館で公開されている外交記録を調べたら、本件の対象文書と同一または類似の文書、関係国は異なるが内容的に類似の文書があることがわかった」

## 記者たちも取材に法を使った

省庁から文書のコピーを入手し、表に出ていなかった事実を知るという情報公開制度。考えてみれば、新聞記者たちもすでに仕事の一手段として実質的に同じことをしてきた。相違点は、情報公開制度の場合、市民と役所の間に、請求する権利とこれに応える義務の関係を法が明文化したことだ。

記者も市民の一員である。それならと朝日新聞社は、政府から特ダネをとる新たな手段として法を活用することにした。施行前から全国の記者らに請求案を募り、全社プロジェクトとして取り組んだ。〇三年三月末までの二年間で請求はざっと千件にのぼった。

それぞれの請求の結果は、すんなり文書がすべて公開されたものもあれば、公開されても一部だけや墨塗りだらけだったり、文書はあるのにすべて非公開となったり、対象文書はないという回答だったり、閲覧目的の施設にある法対象外の「歴史的資料」に当たるとか、ほかの法律に閲覧規定があるので法適用外の「刑事訴訟記録」に当たるとかいった理由で非公開とされたり……と、さまざまだ。

決定の内訳は、大まかな比率で、全部公開が一四％、部分公開が二九％で、計四三％。これに対し、全部非公開は一七％、不存在が三〇％、残りその他。(注4) 国全体の公開率と比べ、一部でも公開された比率は低く、非公開や不存在の比率が高いのは、記者らが従来の取材で入手できなかった文書を請求したケースが多かったためと考えられる。

情報公開制度は、公開請求する文書をなぜ見たいのか、請求者にその目的を問わない。また、請求者がだれであっても公開・非公開の答えは同じでなくてはならない。公開・非公開の答えが同じなら、前例を自分の文書請求の参考にしたいと考える人は多いだろう。だが、だれがどんな文書を公開請求し、入手したかについては、請求者のプライバシーを守るため、省庁は明かさないことにしている。

そこで、朝日新聞社の取り組みについて、入手文書から読みとった情報をもとに紙面で実った掲載記事を中心に、文書を入手できなかったケースも交え、以下に紹介していきたい。政府がやってきたこと、やろうとしていることの事実を知りたいという点で、一般市民も記者も同じだからだ。

どのような文書・情報が公開され、あるいは公開されなかったのか。文書「不存在」の回答は、どんな請求に対して返ってきたのか。決定に不服を申し立て、審査会の答申によって、どんな文書・情報が一転公開されたのか。あるいは、どんな請求文書について答申は、非公開や不存在、対象外、適用外の決定とその説明を妥当としたのか。その場合の壁はどんなものか。それは納得できるものなのか……。

そうした体験や結果は、ふつうの市民が自分たちの身近な問題で政府に関係文書を公開請求するときにも、なにがしかの参考になるのではないか。

また、情報公開法はその付則で、施行から四年をめどに運用状況を踏まえて法の見直しを政府に求めており、利用者の側から改正の具体的な提案をするときに事例は役立つかもしれない。

プロジェクトは当初、基本的に一線記者の一人ひとりが請求文書を提案し、これらを法や制度にくわしい事務局スタッフが代行請求した。文書が公開されると、発案者の記者が情報を読み取って記事を書いた。決定への不服申立書や、審査会に提出する省庁の弁明への反論書は、スタッフが記者とともに作り、口頭での意見陳述の場に一線の記者らも同席したりした。本稿の筆者はスタッフの一人だった。

## 請求するだけで出た特ダネ情報

特ダネとなる情報が載った文書がいきなり公開されたケースは、意外と多かった。おもな記事を見出しでひろうと——。

「証拠管理、依然ずさん　京都府警への特別監察文書」（〇一年五月二十七日付朝刊＝以下、いずれも朝日新聞。見出しは、断りがないものは東京本社最終版による）

「らい予防法『81年には見直すべきだった』95年検討会文書公開」（〇一年六月二日付朝刊）

「長官意見を事前調整　山口・上関原発アセスで旧環境庁」（〇一年六月十五日付西部本社朝刊）

「『外周』『研究者』に限定　宮内庁が陵墓見学指針（検証）」（〇一年六月二十日付大阪本社朝刊）

「ヤコブ病の恐れある乾燥硬膜、歯科も使用の可能性　厚労省が調査へ」（〇一年七月十二日付朝刊）

警察庁による抜き打ちの特別監察の報告書はＡ４判で十五ページ。少しの墨塗りだけで公開された。監察の四カ月ほど前、京都府警の警察官が捜査押収品の覚せい剤を盗んで使っていた不祥事が発覚していた。記者は報告書の中から、事件後もいくつかの署が押収覚せい剤のずさん管理を続けているという指摘を見つけた。

公開文書は大量のことが多い。原発関係で、資源エネルギー庁が公開した環境影響評価に関する文書は段ボール二箱の約二千五百枚にのぼった。記者はその中から、旧環境庁がアセスに提出する長官意見を、離れた立場であるべき相手の旧通産省と事前調整していた問題点をつかみ出した。

埋蔵文化財の専門記者は、七十三点、計四百八十六枚の公開資料の中から、宮内庁が立ち入り禁止にしている古代の天皇、皇后、皇族の陵墓古墳の見学許可指針に目を付けた。

クロイツフェルト・ヤコブ病の裁判を追っていた記者らは、当時の厚生省が感染源とされるヒト乾燥硬膜の使用中止を決めるまでメーカーとどんなやりとりをしたかを調べるため、六百五十三枚の文書を入手。その記述から、脳外科手術で使う硬膜が歯科にも納入されていた事実を見つけた。

文書に載ったデータを集計・分析して、隠れていた実態が浮かんできて記事にしたものもある。こんなケースだ。

「3年で2千5百人が関連業界天下り　ノンキャリア、課長補佐級以下」（〇一年六月三日付朝刊）

「1トン当たり2億6千万円　MOX燃料の加工・輸送費、割高」（〇一年七月一日付朝刊）

「渡切費、平均の8倍3千百万円　特推連連合会役員」（〇一年十二月十八日付朝刊）

「特定郵便局の『渡切費』廃止へ　使途公表で透明化を」（〇一年十二月二十八日付朝刊）

公務員ノンキャリアの天下りの実態を調べるため、省庁と関係がある営利企業へ天下りするにあたって、退職前五年間の仕事の内容をもとに再就職先を審査した対象者のリストを記者が請求したら、二十一省庁分八百三十一枚の資料が、一部墨塗りながら公開された。省庁担当の記者らを集めた取材チームが一週間余りで文書のデータを分析し、郵政ファミリー企業などへの再就職者を追って走り回った。

賛成派と反対派で算出額に開きの大きい原発のコスト。国や電力業界は算出根拠を明らかにしないので、記者は総合エネルギー調査会原子力部会に通産省（当時）が提出した資料に着目した。案の定、経済産業省資源エネルギー庁は墨塗りだらけの文書を公開したが、そこからひろったデータを専門の研究者に持ち込んだ。

議員らが法律で提出を義務付けられている政治資金収支報告書の数字と、情報公開法で得た文書のデータとを突き合わせて新事実を掘り起こしたのが、のちに刑事事件の被告となった鈴木宗男・元衆院議員への政治献金の動きを伝えた記事などだ。

「鈴木宗男代議士側に4千5百万円　北方事業受注の7社が献金」（〇二年二月二十一日付朝刊）

「諫早受注48社、自民長崎県連に7億円献金　16年間で」（〇二年十一月六日付西部本社朝刊）

統計情報そのものの入手や、文書に載ったデータの集計で傾向が判明し、記事となったケースもある。

「過労死認定に地域差　97〜99年度の状況、厚労省が開示」（〇一年五月二十二日付朝刊）

「医療事故賠償、10年で39億円　示談増加傾向　国立病院・療養所」（〇一年六月十二日付夕刊）

「特殊法人、役員の41％天下り　２９２人、平均年収1千8百万円」（〇一年七月十七日付朝刊）

## 舞台裏が明るみに出る

大きなニュースになった出来事の舞台裏が、何十年ものち、情報公開法によって明るみに出るようになった。

「情報公開条例改正の舞台裏明らかに　宮城県知事vs.県警本部長」（〇一年四月二十九日付朝刊）

「金融再生委、長銀資産に甘い判定　議事録開示で判明」（〇一年七月十一日付朝刊）

「国税はこれで負けました　追徴取り消し審判、一挙公開」（〇一年七月十五日付朝刊）

「旧国鉄の分割・民営化めぐり激論　鈴木内閣当時の第2臨調議事録」（〇一年七月二十九日付朝刊）

「入試中止、官学せめぎ合い　東大紛争『評議会』の記録公開（検証）」（〇二年一月十一日付朝刊）

警察の情報公開をめぐって宮城県知事と同県警が激しく対立した条例改正の水面下の交渉の模様が明らかになったのは、県警が知事と直談判する様子や集めた情報を警察庁に報告していた文書計三百三十ページを警察庁が公開したからだ。

追徴課税の処分に不満をもった納税者が国税不服審判所に行った審査請求のうち、納税者側の主張が認められて処分全部が取り消された裁決結果のすべてを、記者の請求に応じて国税庁が初めて公開した。二年九カ月間に出された九十五件、計二千九十七枚。公表済みだったのはこのうち五件だけだった。

旧国鉄の改革を検討した臨時行政調査会第四部会で分割・民営化を打ち出すに至った議事録が、記者の請求で公開された。「赤字の元凶は政治家」などの発言が記録されており、「政治の排除」が議論の焦点の一つだったことが浮き彫りになった。表紙に「マル秘」の印が押され、約二十年間、非公開だったが、総務省が生存する当時の委員全員からOKを取り付け、公開した。

日米両国の間で多岐にわたる交渉が長年月、積み重ねられた安全保障条約の一九六〇年の改定という大きなテーマの全容解明にも、情報公開法は役立つ。

「『集団自衛』条約案示す　安保改定交渉、日本の文書初開示」（〇一年七月十六日付朝刊）

「60年安保改定交渉、日米両案判明　外務省が開示」（〇二年七月八日付朝刊）

情報公開制度は国内の自治体や世界各国に広がっている。米国や日本と同様、請求権を地球上のだれにも認める国や自治体も増えている。そんな時代だから、両政府や自治体が共有する文書を請求すれば、公開の可能性が広がり、公開度の比較もできる。

「市は非公開、国は公開　01年度分、神戸空港の借金要望額」（〇一年六月二十九日付大阪本社夕刊）

「日韓国交正常化交渉の文書公開　外務省、一部は墨塗り」（〇一年八月二十九日付夕刊）

## 「助っ人」審査会、答申で公開拡大

政府の文書を公開するか、しないかは、保有する省庁に決定権限がある。非公開は不当だ、文書がないはずはないと請求者がいくら疑って息巻いても、確かめるために省庁の書庫などに勝手に立ち入れば住居侵入でつかまるだけだ。立場がこんなに弱ければ、憲法がうたう国民主権は空文にすぎない。そこで考え出された救済機関が、情報公開審査会である。

国民は、自分にかかわる役所の権限行使が違法、不当だと思ったら、役所に取り消しを求めることができる。

そのよりどころとして、行政不服審査法という法律がもともとある。だが、当否の判断を再びその役所に任せただけでは立場の強弱は変わらない。そこで、情報公開法は第三者機関の審査会を設け、そこに判断をゆだねた。

請求者の不服申し立てで省庁から諮問されて当否を判断する第三者の審査機関は、日本独自の仕組みとされる。(注5) 自治体の条例のもとに運用されてきたのを、国も追随して採用したのである。

審査会の委員は、首相が衆参両議院の同意を得て任命する。全省庁の諮問機関なので内閣府に置かれているが、政府から独立して審議・調査し、非公開決定の当否を判断、省庁に答申する。委員は当初九人でスタートし、独立行政法人等情報公開法が施行された〇二年十月から十二人に、さらに個人情報保護法が施行された〇五年四月から両法に基づく審査会が兼務し計十五人となった。ふだんは五つの部会に分かれ、事実上、それぞれ独立して審議し、答申をまとめる。〇五年六月現在の委員の内訳は、学者六人、弁護士三人、元裁判官と元官僚が各二人、元検事と公認会計士が各一人。(注6)

前述のように、答申に法的な強制力はないが、任命の仕組みの重みから、公開を求めた答申に省庁が従わず、非公開決定を維持したケースはこれまでに二件だけだという。(注7) 〇三年三月末までの二年間の全答申のうち、朝日新聞記者の不服申し立てを受けた分はざっと四分の一を占めたが、答申によって公開へ転じたケースは少なくない。

「国立病院の医療事故、『担当医など開示を』情報公開審が初基準」（〇二年一月九日付夕刊）
「国立病院の医療事故147件　昨年まで2年、厚労省開示」「繰り返す『単純ミス』」（〇二年三月五日付夕刊）
「『労災認定医、名簿公表を』情報公開審部会が答申」（〇二年一月二十九日付朝刊）
「土地購入先など公開を　民都機構に審査会答申　価格は開示求めず」（〇二年二月十九日付朝刊）
「ノンキャリアの天下り企業、関係を一部公開へ　人事院」（〇二年六月十三日付朝刊）

「ノンキャリア公務員の天下り、４割は受注企業　全国の出先が拠点」（〇二年十月一日付朝刊）
「カドミウム・農薬のコメへの含有量、開示拡大を答申」（〇二年九月十四日付朝刊）
「日債銀の検査資料、『一部開示を』　情報公開審査会が答申」（〇二年九月十八日付夕刊）
「旧山一破綻時、４６００億円の損失　情報公開で判明」（〇三年二月二十八日付夕刊）
「土地補償基準『全面開示を』奈良・大滝ダム」（〇三年二月七日付大阪本社夕刊）

国立病院などの医療事故報告書に関する答申は、ほとんど墨塗りだった厚生労働省の決定の大半を取り消し、事故の発生日時や原因、担当医の氏名、患者家族への謝罪文などの公開を求めた。付言でも、「医療事故の公表は社会的要請」とし、一歩踏み込んで、患者家族の了解や医療機関の判断でさらに、事故にかかわる情報を公表することは可能とした。(注8)

金融機関や証券・生命保険会社に対する破綻前の旧大蔵省などによる検査資料を、金融庁は全面非公開としたが、答申は「検査結果を部分的に公開しても、金融システムの安定性に影響を与えるとは考えにくい」などとして、顧客情報などを除き、公開を求めた。(注9)その結果、公開された検査資料から、一九九七年に経営が破綻した山一証券が当時、約四千六百億円の当期損失を抱えていたことなどがわかった。

人事院が、課長補佐級以下の国家公務員の民間企業への天下りをめぐり、本人が所属していた省庁と再就職先との取引関係などの情報を公開する方針に切り替えたのは、このあと出された審査会の答申を先取りしたもの。(注10)省庁による再就職の審査報告書を記者が公開請求したのに対し、人事院が多くの項目を墨塗りにしたため、不服を申し立てていた。人事院はそれまで、「会社の利益を害する」などとしていた。

## 「存在しない」文書を審査中に発見

審査会に持ち込まれる決定には、前述のように、「不存在」を理由とするものは多い。探したが見つからなかった――それだけの説明で請求者は納得しがたい。そこで審査会は、省庁の職員から、文書の作成・取得の有無や、かつて作成・取得したなら、いつ、どんな根拠で廃棄したかなどをただす。なお説明があいまいなら、文書管理の実際を確認するため、事務局職員を省庁に派遣し、省庁側の立ち会いのもと書庫などを調べることがある。そうして、「存在しない」はずの文書が出てきたケースがある。

「水俣病の専門家会議録の資料発見、公開求める　情報公開審が答申」（〇二年三月五日付夕刊）

「環境省が記録開示　水俣病認定基準の専門家検討会」（〇二年三月二十二日付朝刊）

「脳死移植情報『開示再検討を』公開審、厚労省に答申」（〇二年七月二日付大阪本社朝刊）

水俣病の認定条件を決めるため環境庁（現環境省）が一九七五～七七年に開いた専門家検討会の記録について、審査会は書庫への立ち入り調査で、他の資料の中から七五年七月の「水俣病認定検討会第一回眼科小委員会」の検討結果を記した資料を見つけた。答申は決定を取り消すよう求めた。また、当時の担当者のメモがつづられたとみられるファイル二冊が、少なくとも九八年までは保存されていたことを確認し、文書管理がずさんだったとした。(注11)同省は公開請求に対し、「会議録は作成しなかった。報告書は保有していない」としていたものだった。

臓器移植法の施行後、高知赤十字病院で一九九九年に実施された国内初の脳死移植の脳死判定に関する記録の公開請求では、厚労省が「文書が存在しない」として公開しなかった臓器提供者の頭部検査の所見などについて、審査会は文書の存在を認め、決定を取り消し、再検討するよう求める答申を出した。(注12)存在する可能性は、関係資料を公開請求した記者が指摘していた。

こうして紹介した事例からは、情報公開法は「劇薬」ぶりをそれなりに発揮してきているように見える。だが、それは一面にすぎない。さらに数多くの事例を見ていくと、法の仕組みと運用には問題が山積していることが分かる。次章から取り上げる。

注1　情報公開の発展史は石村善治編『情報公開―その原理と展望』（法律文化社、一九八三年）にくわしい。米国の情報自由法（ＦＯＩＡ）については、宇賀克也『情報公開法――アメリカの制度と運用』（日本評論社、二〇〇四年）が逐条解説を中心に運用の実際や判例も豊富だ

注2　総務省行政管理局情報公開推進室「平成十五年度における情報公開法の施行の状況について」。同省ホームページにも掲載

注3　内閣府ホームページの「情報公開審査会」に全答申のそれぞれ全文が載っている

注4　内訳は、法定期限に基づく最初の決定をもとに分類した。複数の対象文書の一部は公開されて一部は非公開や不存在とされたケース、請求の一部が他省庁に移送されて決定が分かれたケースなどは「その他」に

注5　宇賀克也『新・情報公開法の逐条解説』（有斐閣、二〇〇二年）一一二～一一三頁

注6　委員の氏名や代表的肩書などは内閣府ホームページ上の「情報公開審査会」に載っている

注7　総務省と情報公開審査会によると、公開を求める答申に省庁が従わなかった例は、施行以来、二〇〇五年三月初めまで二件だけだ（対象文書は重なりあっていて、実質的に一件）。これは、海上保安庁が不審船事件の関係文書について答申が公開を求めた情報のうち、「報告担当者」の氏名や職名を不開示にとどめる最終決定をしたもの＝答申は内閣府ホームページの「情報公開審査会」掲載の答申番号・平成十五年度（行情）５２４と同５２５（以下同、年度はいずれも平成）、掲載記事は朝日新聞〇四年八月十二日付朝刊

注8　十三年度111～113
注9　十四年度175など
注10　十四年度075
注11　十三年度145
注12　十四年度096

# 第二章　手続きを早めるため期限を設けよ

政府の文書を原則公開するという立派な法律も、その手続き処理が遅すぎるのでは意味がない。そんな当たり前のことが政府の手でないがしろにされてきた。その報告から始める。

## 異議申し立てを軒並み放置

まずは、表1を見ていただきたい。

外務省の不開示決定に対し朝日新聞の記者らが異議を申し立てた件について、同省が決定の当否を問うため情報公開審査会に諮問するまでにかかった月日の長い順に並べた。

最長で二年一カ月余。ほかにも二年前後のものが続く。すでに決定、異議申し立てまでに月日がかかっており、公開請求を受け付けてからだと期間はさらに数カ月延びる。諮問があって初めて審査会の審議が始まり、その末に答申が出る。仮に不開示決定が誤っていれば、請求後にただちに公開された場合に比べ、時間のロスがいかに大きいか、ご理解いただけるだろう。

同省は、後述するように、最初の決定までの期間をはじめ、手続きを進めるスピードの遅い省庁の筆頭格である。処理遅れは、法施行後すぐに表面化した。(注1) その後の国会議員の質問やマスコミ報道による批判の高まりで、同法の所管庁の総務省がようやく実態調査に乗り出した。二〇〇三年になって、各省庁から処理期間について施行後二年間分の詳細な報告を求め、その結果を同年八月に公表した。(注2) 併せて、処理のスピードアップを指導した。

その指導に従って各省庁は、諮問については、同年三月末の時点で、不服申し立て（異議申し立てはその一つ）を受けてから一年を超えていた二百九十五件すべてを同年七月末までにかけこみ諮問し、あるいは決定を変更などした。その半数を超える百五十一件が外務省分。一覧表は、その一部である。

何カ月もの未諮問のケースをいくつも抱えていた省庁は数多いが、一年を超えた未諮問となると、六省庁に限

表１　異議申し立てを受け、外務省が諮問するまでに長期間かかった例

| 請求文書・テーマ | 申し立てから | 請求受理から |
|---|---|---|
| 米基地の環境汚染に関する照会文書 | ２年１カ月余 | 約２年４カ月 |
| 官邸上納など報償費関係文書５種類 | ２年１カ月余 | 約２年４カ月 |
| 90 ～ 99 年在外公館査察報告書 | ２年１カ月余 | ２年３カ月余 |
| 60 年１月安保条約改定の仮調印 | ２年１カ月余 | ２年３カ月余 |
| 63 年４月外相・米大使会談録 | ２年１カ月余 | ２年３カ月余 |
| 日米合同委員会の仕組み | ２年１カ月 | ２年３カ月余 |
| 報償費支出関係書類 | ２年余 | 約２年４カ月 |
| 沖縄返還密約 | ２年余 | ２年３カ月余 |
| 北方支援事業の入札参加企業・結果 | ２年余 | ２年３カ月余 |
| ビキニ被曝補償の対米交渉記録 | ２年 | 約２年４カ月 |
| 北方四島支援委員会設置協定 | ２年 | 約２年４カ月 |
| 官房機密費疑惑調査委員会書類 | ２年 | ２年３カ月余 |
| カナダ政府と非核証明書の関係記録 | 約２年 | 約２年４カ月 |
| 59 年５月外相・米大使会談録 1 | 約２年 | ２年３カ月余 |
| 54 年外相・米国務次官補会談録 | 約２年 | ２年３カ月余 |
| 橋本首相・ゴア米副大統領電話会談録 | １年 11 カ月余 | 約２年４カ月 |
| 金大中拉致事件 75 年政治決着 | １年 11 カ月余 | ２年３カ月余 |
| 58 年９月外相・米国務長官会談録 | １年 11 カ月余 | ２年３カ月余 |
| 69 年９月外相・米国務長官会談録 | １年 11 カ月余 | ２年３カ月余 |
| 98 ～ 00 年度北方支援事業報告書 | １年 11 カ月余 | ２年３カ月余 |
| 米軍普天間基地移設に関する文書 | 約１年 10 カ月 | ２年３カ月余 |
| 温暖化防止京都会議での連絡記録 | 約１年９カ月 | ２年１カ月 |
| 金大中拉致事件 73 年政治決着 | 約１年９カ月 | １年 11 カ月余 |
| 59 年５月外相・米大使会談録 2 | １年７カ月余 | 約２年４カ月 |
| 原爆傷害調査委員会の記録 | １年７カ月余 | ２年３カ月余 |
| 米原潜入港の対米交渉記録 | １年７カ月余 | ２年３カ月余 |
| 59 年６月外相・米大使会談録 1 | １年７カ月余 | ２年３カ月余 |
| 58 年７月外相・米大使会談録 | １年７カ月余 | ２年３カ月余 |
| 非核神戸方式の議決に関する文書 | ２年３カ月余 | １年７カ月余 |
| 95 ～ 97 年度北方支援事業報告書 | １年７カ月余 | 約２年 |
| 59 年６月外相・米大使会談録 2 | １年６カ月余 | １年 10 カ月余 |
| 60 年１月安保条約改定の協議記録 | １年４カ月余 | １年 10 カ月余 |
| 59 年４月外相・米大使らの会談録 | １年４カ月余 | １年７カ月余 |

られ、外務省分と、金融庁の六十七件、国税庁の五十五件、国土交通省の十二件とで大半を占める。

## 諮問の期限、情報公開法に定めなし

なぜ、こんな非常識な遅れが何百とまかり通るのか。

不服申し立てを受けたら、いつまでに諮問しなければならないのか、その期限の定めが情報公開法にないのである。

不服申し立ては、別の法律の行政不服審査法に基づく。これを前提に、情報公開法は第一八条で、行政不服審査法により不服申し立てがあれば、決定を取り消すか変更するかしてすべて開示するときなどを除き、審査会に諮問しなければならないと定めている。だが、その期限には一言も触れていない。総務省による逐条解説書『詳解　情報公開法』でも、同条の解説で、審査会へ提出が必要な書面を説明するくだりの一文に、以下の通り、わずかに「遅滞なく」と加えているだけだ。

「したがって、行政機関の長は、行政不服審査法に基づき、必要と認める調査を行った上で、遅滞なく情報公開審査会に諮問することとなる」

これは、行政不服審査法が第一条で「行政庁の違法又は不当な処分その他公権力の行使に当たる行為に関し（中略）簡易迅速な手続による国民の権利利益の救済を図る」などと、法の趣旨に手続きの迅速性をうたっているのを受けたもの。行政改革委員会の要綱案にある留意点を解説書はなぞったにすぎない。

それでは、法に明記されていなければ、諮問遅れは野放しでもよいのか。

## 迅速処理は法の精神から当然

図1　公開請求から文書公開までの手続き

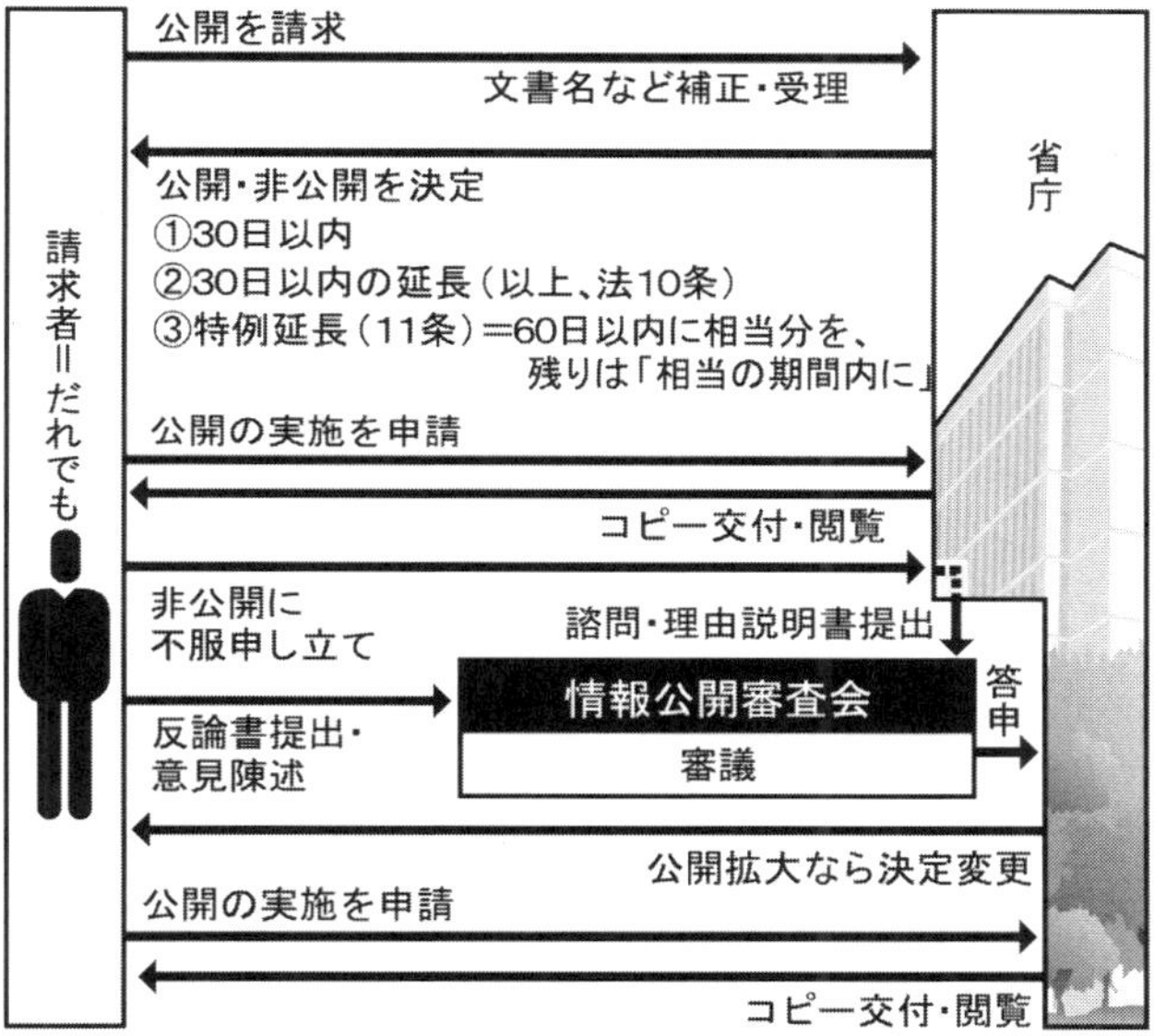


情報公開法は法の目的を第一条で以下の通り定めている。

「この法律は、国民主権の理念にのっとり、行政文書の開示を請求する権利につき定めること等により、行政機関の保有する情報の一層の公開を図り、もって政府の有する諸活動を国民に説明する責務が全うされるようにするとともに、国民の的確な理解と批判の下にある公正で民主的な行政の推進に資することを目的とする」

つまり、情報公開制度は「国民主権の理念にのっとり……政府の有するその諸活動を国民に説明する責務が全うされるようにする」ためのものだという。

ここでは、政府の説明責任が大前提となっている。その説明責任とは、国民から説明を求められたら、政府は少なくとも国会答弁のようにただちに答えるというのでなければ、まっとうに果たしたことにならない。同法が政府文書の開示請求権を国民に与え、その請求に原則公開でこたえる義務を政府に課し、後述するように、その処理期限として、たとえば開示・不開示の決定を三十日以内にしなければならないとの原則を定めているのは、政府が説明責任をなかなか果たしてこなかった前史を踏まえ、法による強制で最低限の保障をしようとするものである。

だが、これを理解しない役人が少なくない。筆者は、自治体を取材する後輩記者たちからこんな質問を何度か受けた。「幹部職員への取材で、知りたい情報の関係文書を見せてほしいと求めたら、『情報公開条例で請求してください』と言われた。そのつど、『なぜ、すぐに見せられないのか』と押し問答をしなければならない。すぐに説得できるマニュアルはないか」と。読者、国民が知りたい情報を一刻も早く伝えようとするマスコミの要請に、自己の職責ですぐにこたえることを避けようとする役人たち。せっかくの情報公開制度も、そんな便宜に使われては悪法と化す。これでは時代の逆戻りだ。

諮問を先送りしてきた外務省などの官僚たちも、同じ穴のムジナである。官僚たちは不開示とすべきだと判断しても、法に照らし間違っているかもしれないからこそ、審査会に持ち込む仕組みがある。初めから公開する場合は、原則三十日以内に決定しなければならないのだから、不開示に不服が申し立てられれば諮問を急ぐのは、説明責任から当然である。前述のような諮問の遅れがまかり通るのなら、本来はただちに公開すべき文書・情報であっても、官僚たちに引き延ばしたい事情があれば、とりあえず不開示を決定し、異議申し立てを長く放置する悪弊がはびこるのは目に見えている。

## 取り返しがつかない事態も

情報は、月日がたてば鮮度が落ち、価値が失われるものも多い。情報化時代にはなおさらだ。

たとえば、ビキニ環礁水爆実験による第五福竜丸事件について、日米補償交渉の記録を記者が外務省に求めた件。二〇〇一年四月の請求に対し、同省は交渉終局の文書三点しか公開しなかったので、同七月、異議を申し立てた。諮問は二年後の〇三年七月。審査会が説明を求めた結果、外務省は仕事の参考資料をもとに探しただけと判明した。同省は文書ファイル管理簿と原本を調べ直し、同十月、新たに十四点の公開を追加決定。さらに審査会が確認して、関連ファイルからもう一点も見つかり、〇四年二月に公開された。

諮問が早ければ、追加決定も早まっただろう。答申は、文書の探索は不適切で、諮問も遅すぎると改善を求めた。[注3] 朝日新聞は、〇四年三月の被災五十周年を目がけ、早くから事件の検証企画を立てていた。三年近くも前の請求に、ギリギリの追加決定は、遅れも度を越している。

まったく取り返しがつかなくなったケースもある。

### その一　計画策定前の異議に、事業が進んでから諮問

この件の答申[注4]や掲載記事[注5]などによれば、経過と問題点はこうだ。

記者は〇一年四月、愛知万博（愛・地球博）で名古屋市の笹島地区がサテライト会場（準会場）に利用されることになった経緯を調べるため、経済産業省に対し、同万博の資金計画や会場建設費などに関する文書の公開を求めた。同省は不開示としたため、同七月に異議を申し立てた。しかし、同省が諮問したのは一年四カ月余り後の〇二年十二月。その際に提出した理由説明書で、同省は決定を一部開示に変更する方針を示したが、実際に開示したのは〇三年三月だった。

記者は、審査会へ提出した同省への反論書で以下のように訴えたが、後の祭りだった。

「経産省は、諮問を引き延ばしておきながら、決定の変更を実施することなく諮問した。引き延ばしを重ねる対応は不当、違法である。同省は、一部を開示する理由として、〇一年十二月に策定された愛知万博基本計画を受けて、笹島地区の活用計画が急速に具体化したことを挙げている。しかし、異議申し立ては、計画策定に五カ

月も先立つのであって、同省は計画が策定され、具体化するまで諮問を引き延ばした。最終的に不開示決定が誤っていたとして公開となっても、その間の失われた時間をどう償うのか」

答申は、「諮問は遅滞なく行うのが法の趣旨であり、法が予定している本来の対応とは言い難い」と批判した。諮問後三カ月たってから一部開示したことについても、「不開示部分以外の情報は速やかに開示すべき、との法の趣旨に照らし、また、異議申し立てから相当期間が経過しており、諮問に先立つ部分公開が望ましかった」と指摘した。

その二　審議中の議事録を請求、答申前に委員会は閉幕

この件も答申(注6)や掲載記事(注7)などによれば、経過と問題点はこうだ。

記者は〇一年四月、諫早湾特産タイラギの不漁原因を調べていた農林水産省の漁場調査委員会の全議事録などを九州農政局に求めた。不開示とされたため、同七月、上級庁の本省に審査請求。同省は同十月に審査会に諮問した。この時点で、同省は一九九七年度以降の文書を除いては公開してよいと主張を変えたが、委員名と発言内容について各委員の意見を事前に求めるので、農政局の再決定に委ねるとした。公開の是非を決めずに審査会に諮ったため、公開自体が先送りされた。しかも、審査会の審議中の〇二年一月、委員会は終結してしまった。審議途中で内容をチェックする機会は失われた。

答申は、「法の趣旨に照らし、諮問に先立ち相当部分を公開すべきだった」「一連の対応には遺憾な点があった」と農水省の非を指摘した。

諮問まで二年前後もかかった外務省の件では、記者らは軒並み、審査会にその違法性、不当性を訴えた。省庁

の対応を厳しく批判する答申が相次いだ。

諮問まで約一年十カ月かかった米軍普天間基地移設に関する文書について、計二件の答申(注8)は以下のように指摘した。

「諮問庁（外務大臣）からは〇三年七月末、本件を含む多数の諮問が一時期になされた。その中には、同時期に決定がなされ、諮問までの期間も同じ程度の八十件以上の諮問が含まれている。本件の内容をみると、対象文書の量、記載や不開示理由からして、諮問までにそれほど長期間を必要とするとは考えがたい」

答申は、しかし、違法と断じたわけではない。法に期限が明記されていないからだ。

## 決定の大幅延長も期限は省庁任せ

請求から文書の公開までの多くの手続きのなかで、請求受理から決定までの期限には法に定めがある。

まず、第一〇条一項で、請求受理日から三十日以内の原則を示し、続いて同二項で、「事務処理上の困難その他正当な理由があるとき」は三十日以内に限って延長を認める。

さらに、六十日以内で処理し切れない事態を想定し、以下の通り、第一一条で「期限の特例」を設けている。

「開示請求に係る行政文書が著しく大量であるため、開示請求があった日から六十日以内にそのすべてについて開示決定等をすることにより事務の遂行に著しい支障が生ずるおそれがある場合には、前条の規定にかかわらず、行政機関の長は、開示請求に係る行政文書のうちの相当の部分につき当該期間内に開示決定等をし、残りの行政文書については相当の期間内に開示決定等をすれば足りる（後略）」

これを適用するときは、請求受理から三十日以内に、適用の理由と、残りの分を決定する期限を請求者に通知することが同条で義務付けられている。

この規定は、実際の運用では問題が多い。しばしば規定通りにコトが運んでいないからだ。

外務省のケースの一覧表を見ていただきたい。

表2は、六十日以内に何も決定しなかった件をいくつか並べたものだ。

条文の「相当の部分」とは何か。『詳解　情報公開法』にこうある――「開示請求を受けた行政機関の長が通常六十日以内に開示決定等ができる分量を意味する」。事情はどうあれ、六十日以内に決定をしようとするかどうかは省庁任せなのだ。

表のケースの大半が、「相当の期間」を請求受理から六カ月先までとしているが、「相当の期間」とは何か。政府の解説書、『詳解　情報公開法』ではこうだ――「当該残りの行政文書について行政機関が処理するに当たって必要とされる合理的な期間をいう」。これも、「必要とされる合理的な期間」と判断するのは省庁だということになる。

そのうえに、省庁が自ら設定した期限をも守らないケースが少なくない。表3はその一部をまとめたものだ。

そもそも、「期限の特例」の適用を必要とするのは、どんな事態か。『詳解　情報公開法』は以下に解説する。「『開示請求に係る行政文書が著しく大量』かどうかは、一件の開示請求に係る行政文書の物理的な量とその審査等に要する業務量だけによるわけではなく、行政機関の事務体制、他の開示請求事案の処理に要する事務量、その他事務の繁忙、勤務日数等の状況をも考慮した上で判断される」

このように、対象文書から直接に生じる事情のほか、「事務体制」や「その他事務の繁忙」まで判断の要素に加えたのでは、裁量の幅は際限なく広がる。総務省によれば、行政改革委員会の「要綱案の考え方」で、決定に要する期間を左右する要素の例示に「事務の繁忙の状況」が含まれており、(注9)想定できるその具体例をマニュアルに列挙したのだという。こんなに野放図な規定、解釈だから、運用の「脱法」は他省庁にも及んでいる。

表２　外務省が法 11 条で決定を延期し、「60 日以内」の決定もしなかった例

| 請求文書・テーマ | 請求受理からの延長期間 | 実際に要した期間 |
|---|---|---|
| 米原潜入港の対米交渉記録 | 6 カ月 | 6 カ月 |
| 59 年 5 月外相・米大使会談録 2 | 6 カ月 | 6 カ月 |
| 非核神戸方式の議決に関する文書 | 6 カ月 | 6 カ月 |
| 58 年 10 月首相らと米大使の会談録 | 113 日 | 120 日 |
| 鈴木宗男元議員と欧亜局の面談記録 | 6 カ月 | 6 カ月余 |

表３　外務省が法第 11 条で決定期限を大幅延長しながら守らなかった例

| 請求文書・テーマ | 請求日からの延長期間 | 期限を超えた日数 |
|---|---|---|
| 60 年 1 月の外相・米大使会談録 | 6 カ月 | 370 日 |
| 57 年の首相・米大使の訪米前会談録 | 8 カ月 | 310 日 |
| 55 年 8 月の外相・米国務長官会談録 | 8 カ月 | 86 日 |
| 58 年 10 月首相らと米大使の会談録 | 6 カ月 | 31 日 |
| 鈴木宗男元議員と欧亜局の面談記録 | 6 カ月 | 25 日 |

前出の二〇〇三年三月末時点の総務省調査によると、法施行から二年間に受理した請求のうち、六十日以内に決定をしなかったのは計千百七十四件。その大半を外務省の千四十四件が占め、ほかに国土交通省八十九件、法務省十六件、警察庁十一件と続く。また、自ら延長した決定期限を守らなかったのは四省庁の計五百七十四件で、金融庁の四百一件と外務省の百六十九件がそのほとんどを占める。このうち、期限を過ぎた日数は、三カ月を超えたものが二百四十一件、一カ月以上三カ月以内が二百七十二件。

金融庁分は請求文書がすべて金融再生委員会の議事録・配布資料などで、期限を過ぎた理由を同庁は「予測し得なかった事務の繁忙が生じた」などと総務省に説明するだけだ。

## 諮問遅れは改善されたが、根本解決に至らず

さて、さまざまな手続きの処理遅れは、総務省の指導や省庁の自主努力によってどの程度、改善されただろうか。

まず、諮問について。

前出の総務省報告では、二〇〇三年三月末の時点で不服申し立てから一年を超えていた二百九十五件については、どの省庁も同年七月末までに諮問するか、決定を変更するなどで処理済みという。

調査時の外務省の鈴木亮太郎・情報公開室長はいった。「答申で指摘された通り、不適切だったのは明らか。原因としては、最初の決定時に十分な検討がされなかったため対応に手間取ったケースもある。大きいのは、担当職員らには審査会に対してすらも、決定の当否チェックのために文書をじかに見る『インカメラ審理』をされることに強い抵抗感があったこと。結果的に先に延ばしてしまった。年月がたって、抵抗感は薄れてきている」

総務省はさらに〇四年三月末にも改善状況を継続調査した。その調査結果によると、(注10)〇三年度に起こされた不服申し立ては政府全体で千百五十八件、〇一年度または〇二年度に起こされて〇二年度末で未諮問のまま積み残されたものが六百六十五件。これら計千八百二十三件のうち、開示への決定変更や取り下げを除く千六百三十二件についてみると、〇四年三月末で諮問済みは千二百九十七件、未諮問は三百三十五件だった。これらを申し立てから諮問までの期間でみると、表4と表5の通りである（未諮問分は〇四年三月末までの期間）。

つまり、諮問済み分では、申し立てから一年を超えたものが四百十六件と全体の三分の一近くを占め、前年度の百二十六件、八・七%を大きく上回った。これは、総務省の指導で駆け込み諮問が集中した結果である。だが、重点が偏ったせいだろう、逆に、一年以内の諮問は、たとえば三カ月以内が計三百五十七件、二七・五%と前年度分の六百六十一件、四五・六%から大きく落ち込むなど、軒並み減っている。

未諮問分では、申し立てから年度末までの期間が一年を超えたものが九件、二・七%と前年度の二百九十五件、四四・八%から飛躍的に減ったのをはじめ、全体でざっと半減した。また、三カ月以内のものが計百八十二件、五四・三%と、前年度の百二十六件、一九・四%より大幅にふえ、全体に平均化した印象だ。改善の傾向はみられる。

表４　諮問済み事案の不服申し立てから諮問までの期間

| | 2003 年度内の件数（%） | | 02 年度末までの件数（%） | |
|---|---|---|---|---|
| 3 カ月以内 | 357 | (27.5) | 661 | (45.6) |
| 6 カ月以内 | 339 | (26.1) | 320 | (22.1) |
| 9 カ月以内 | 93 | (7.2) | 214 | (14.7) |
| 1 年以内 | 92 | (7.1) | 129 | (8.9) |
| 1 年を超える | 416 | (32.1) | 126 | (8.7) |
| 計 | 1297 | | 1,450 | |

表５　未諮問の事案の不服申し立てから調査した年度末までの期間

| | 2004 年度末の件数（%） | | 03 年度末の件数（%） | |
|---|---|---|---|---|
| 3 カ月以内 | 182 | (54.3) | 128 | (19.4) |
| 6 カ月以内 | 49 | (14.6) | 101 | (15.3) |
| 9 カ月以内 | 41 | (12.3) | 93 | (14.1) |
| 1 年以内 | 54 | (16.1) | 42 | (6.4) |
| 1 年を超える | 9 | (2.7) | 295 | (44.8) |
| 計 | 335 | | 659 | |

では、なかでも遅れが目立っていた外務省の関係はどうか。

〇一、〇二年度中の不服申し立ての積み残し分は政府全体の四分の一を超える百八十件あったが、このうち、〇四年三月末でも未諮問だったものはゼロとなった。世間の風当たりと総務省の指導が効いた。諮問済み百六十一件を諮問までの期間でみると、一年を超えた百四十二件と、六カ月を超えて一年未満の十七件とで大半を占めた。

だが、〇三年度中の不服申し立てについてみると、そのうち、年度末で未諮問が四十二件と相変わらず過半数を占め、申し立てから三カ月を超えたものが計十件、うち九カ月を超えて一年以内が四件あった。総務省の指導と外務省の自主努力で一定の改善はみられたが、問題は根本的に解決されたとまでは言えない。

## 「不服」から最終決定まで一年超は四割

不服申し立ての処理に月日がかかりすぎること

表6　不服申し立てから裁決・決定までの期間

| | 裁決・決定件数 | 3カ月以内 | 6カ月以内 | 9カ月以内 | 1年以内 | 1年を超える |
|---|---|---|---|---|---|---|
| 2003年度 | 1,027 | 39 | 271 | 142 | 108 | 467 |
| 2002年度 | 686 | 36 | 92 | 81 | 203 | 274 |
| 2001年度 | 180 | 30 | 64 | 81 | 5 | – |
| 計 | 1,893 | 105 | 427 | 304 | 316 | 741 |
| (%) | | (5.5) | (22.6) | (16.1) | (16.7) | (39.1) |

は、申し立てから裁決・決定までに要した期間についての上記の調査結果でも浮き彫りになった(表6)。六カ月を超えたものが全体の七二%にのぼり、そのうち、一年を超えたものは四割に近い。不開示決定が明白な違法、不当であった場合、これは開示の引き延ばし以外のなにものでもない。

その要因としては諮問の遅れがもっとも大きいが、情報公開審査会の答申を受けたあと最終決定までに月日がかかっているケースもある。検討会への総務省の報告(注11)のなかには、答申から最終決定までに一年以上のものもある。厚生労働省の「委託研究に関連する資料」では約一年一カ月かかった。同省は「答申後に第三者への連絡、意見確認に日数を要した」と釈明しているが、第三者への意見照会は最初の決定までに、あるいは、遅くとも諮問までにすませるべきものだ。

こんな法外な遅れや言い訳がまかり通っては、まともな情報公開法とはとても言えない。

一方、総務省は、開示・不開示の決定までの期限を各省庁がどれだけ守っているかについても継続調査した。全体に改善はみられたが、期限を守らない決定は外務省を中心になお多い。

## 期限を守らぬ決定、なお多数

二〇〇三年度の新たな開示請求に対し、情報公開法第一〇条一項で三十日以内と義務づけられている開示等決定の期限を同二項によってさらに三十日以内まで延ばす手続きを採ったものは、六千九百三十三件あった。このうち、最大で六十日以内のその延長期限までに決定しなかったものが六十件あった。〇一、〇二年度はそれぞれ五十五件、七十件だから大差はなく、改善はみられない。

守らなかったのは、外務省の三十六件と法務省の二十四件。うち、期限を三カ月超えたものが法務省の十件、外務省の一件。

一方、〇三年度の新たな開示請求に対し、「開示決定等の期限の特例」を定めた同法第一一条の規定を適用したものは八百二十件、〇一、〇二年度に同規定を適用し請求者に通知した期限が〇三年四月一日以降となったものが八百十五件、両方を合わせて千六百三十五件あった。このうち、六十日以内にすべき「相当の部分」についての決定がなされなかったものが七百三十一件。その大半の七百十七件が外務省分だった。

ただ、年度ごとの受け付け事案について「相当の部分」の決定がされなかった件数をみると、〇一年度の三百六十三件、〇二年度の八百十一件に対し、〇三年度は二百五十六件とやや減った。

また、通知した期限までに決定されていないものが二百四十六件あったが、その大半も外務省分の二百三十九件。その期限を過ぎた日数は、三カ月を超えたのが百十三件、一カ月を超えて三カ月以内が五十六件など。ただ、全体のうち二百二十八件は〇一、〇二年度分の積み残し分で、〇三年度分は十八件と急減した。

このように、一面では一定の改善がみられるものの、根本的な解決には至っていないというべきである。

注１　朝日新聞、二〇〇一年五月二日夕刊
注２　総務省ホームページ http://www.soumu.go.jp/ の二〇〇三年八月一日報道資料
注３　答申番号・平成十五年度（行情）６７０

注4　十五年度（行情）１４０
注5　朝日新聞、二〇〇三年六月二十三日付名古屋本社夕刊、「国審査会、経産省を批判　情報不開示諮問まで一年四カ月」
注6　十三年度１３１
注7　朝日新聞、二〇〇二年二月六日付朝刊、「審議非公開、法も無力　農水省の諫早湾漁場調査委（検証）」
注8　十五年度（行情）４７７、４７８
注9　前出『情報公開法制―行政改革委員会の意見』三六ページ
注10　「平成十五年度における行政機関情報公開法の施行の状況について」。総務省ホームページの「情報公開」に掲載
注11　第七回検討会の配布資料９「答申の履行についての検討資料」。裁決・決定が答申のあと長引いた十六事例を掲載。総務省ホームページ

# 第三章　行政側判断の特別扱い規定は残すべきか

## 各国の先行制度に右ならえ

法律には例外や特例が付きものだ。「原則公開」の情報公開法も例にもれない。その特例の一つに、特定分野の情報について、不開示を決める行政機関の判断を特別に尊重する規定がある。同法は、第五条で例外の情報として一号から六号までの類型を定めている。三号と四号が行政機関の判断を特別に尊重する規定である。具体的な条文は次の通りである。

三　公にすることにより、国の安全が害されるおそれ、他国若しくは国際機関との信頼関係が損なわれるおそれ又は他国若しくは国際機関との交渉上不利益を被るおそれがあると行政機関の長が認めることにつき相当の理由がある情報

四　公にすることにより、犯罪の予防、鎮圧又は捜査、公訴の維持、刑の執行その他の公共の安全と秩序の維持に支障を及ぼすおそれがあると行政機関の長が認めることにつき相当の理由がある情報

法の解説書などで、前者は「国の安全等に関する情報」、後者は「公共の安全等に関する情報」などと呼ばれる。どちらも、「……おそれがある情報」といったストレートな表現ではなく、「……おそれがある」と「情報」の間に、「と行政機関の長が認めることにつき相当の理由がある」とのフレーズが挿入されている。ずばり個人情報を非公開とする一号の規定をはじめ、ほかの三類型も「……に関する情報であって、公にすることにより、……不利益を及ぼすおそれがあるもの」などと定めている。これらと比べ、三号、四号は、行政機関の判断の重視を明確にしている。

これらの規定は、法案のたたき台として政府の行政改革委員会がまとめた要綱案(注1)に初めから織り込まれたもの

だ。同案では両号とも「……と認めるに足りる相当の理由がある情報」との表現だったが、行政機関の判断を尊重する趣旨をいっそう明確にするため、法案の段階で政府の手で現在の条文に修正された。

その趣旨について、同委員会の「要綱案の考え方」は、以下の通り説明している。

「第三、四号に規定する情報については、その性質上、開示・不開示の判断に高度の政策的判断を伴うこと、対外関係上の又は犯罪等に関する将来予測としての専門的・技術的判断を要することなどの特殊性が認められる。諸外国においても、これらの特殊性に対応して、大統領命令による秘密指定制度や大臣認定書制度を設け、法の対象外（exclusion）とし、又は裁判所は、初審的（de novo）には審査せず、行政機関の長が開示の拒否の判断をする合理的な理由（reasonable grounds）を有するかどうかを審査するにとどめるなど、法の適用又は司法審査の関係で、他の情報とは異なる特別の考慮が払われている場合が少なくないところである。

このような事情を前提とすると、司法審査の場においては、裁判所は、第三、四号に規定する情報に該当するかどうかについての行政機関の長の第一次的な判断を尊重し、その判断が合理性を持つ判断として許容される限度内のものであるかどうかを審理・判断することとするのが適当である」

## 秘匿体質の温床と隣り合わせ

政府の秘密主義に風穴を開けるために行政文書の開示請求権を国民に与え、行政機関に説明責任と原則公開の義務を課す法律であるのに、省庁側の判断を特別に尊重する規定を置けば、判断がより非公開へと傾いてしまうのは、モノの道理である。したがって、せっかくの制度ができても、関係省庁の秘匿体質は変わらず、救済機関の情報公開審査会もお墨付き役に回りがちとあって、制度の利用者たちにはすこぶる評判が悪い。法案づくり、国会審議の段階から出ていた心配が、不幸にも当たったといってよい。

朝日新聞の記者らが行政不服審査法に基づき不服を申し立てたケースなどを中心に、審査会の答申に記された不服申立人（請求者）、省庁の双方の主張と審査会の判断を見比べながら、これらの規定の問題点を見ていこう（文末の表1、表2を参照していただきたい）。

まず、外交・防衛情報などの関係の三号から――。

省庁側の判断が特別に尊重されると、どんな結果となるか。わかりやすいのは、たとえば、在日米軍やその基地がからむ問題で、その経緯や日米両政府の対応ぶりを知ろうと、日米合同委員会で取り上げられたときの議事録が公開請求の対象となったケースである。同委員会は、日米地位協定（注2）に基づく協定実施の事柄についての両政府の協議機関。

表1の最初の三件は、在日米軍・横須賀基地の海岸埋め立てで掘り起こされた土がポリ塩化ビフェニール（PCB）や重金属に汚染されていたと米誌で伝えられた問題に関連して、記者が情報公開法施行にあわせて外務省や環境省に公開請求したもの。一件目の答申（注3）の「異議申立人らのおもな主張」欄にあるように、汚染は深刻で地元市民らの関心事であり、心配事だった。あとの二件は別々の時期に開かれた合同委員会と環境分科委員会の議事録と付属文書が対象となり、ともに決定は「全面不開示」。答申もこれを妥当と認めた。

三件目のものは、合同委員会の手続き規則などを記した文書を請求したのに対し、一九六〇年開催の第一回委員会議事録が該当文書の一つとされた。審査会は、記載内容を確かめるため、非公開文書を委員らが自らの目でチェックする「インカメラ審理」をした。これに基づいた答申（注4）によると、そこには、委員会の公式議事録について「相互の合意なしに公表はされない」旨が明記されていて、そのことが二件の議事録をともに不開示とする決定と、これを認める答申の判断にとって最大の根拠となったのである。

## 四十年前の証文で永遠不滅のご印籠？

第一回委員会議事録についての答申は、以下の通り述べる。「日米間の率直な意見の交換や協議の内容及びその結果が記録されており、これを公にした場合には、日米間の忌憚のない意見の交換や協議を困難にし、日米地位協定の円滑な実施を阻害するおそれがあり、我が国が本件対象文書を公にすることにより米国との信頼関係が損なわれるおそれがあることは否定できないものと認められる。したがって、本件対象文書は、公にすることにより、他国との信頼関係が損なわれるおそれがあると行政機関の長が認めることにつき相当の理由があるものと認められ（以下略）」

具体的な事案について書かれてもいない運営規則などは、切り離して公開することも可能なはずだ。しかし、答申は「英文による文書の件名を含め、全体として同号に該当すると認められ、部分開示することは相当でない」と、結論の一言だけで退けた。

「相互の合意なしに公表はされない」とは、読み替えれば、合意があれば公表はできるのである。第一回委員会の開催から四十数年、日米両国を取り巻く国際情勢も大きく変化している。あらためて米政府に対し、情報公開法第一三条の手続き規定に基づいて公開の適否を照会すべきだと記者は訴えた。これについても審査会は、委員会の議事の内容・結果について公表すべきものはそのつど公表しており、今後の忌憚のない意見交換や協議のためにも、公表しない扱いのものは公表できないので、米側への照会は不適切だとする外務省の説明を「不合理なものとは言えず、是認できる」として退けた。

しかし、関連の環境省への答申では[注5]、同省が外務省を通じ米側の意向の確認を求めたところ、外務省は米側から、環境分科委員会を含めて日米合同委員会とすべての分科委員会の議事録について「公表することに同意しない」旨の回答を得ている、との説明を受けたという。後者は伝聞情報のようで不確かだが、照会が実際にされたとしても、個別の対象情報に的をしぼった照会だったのかどうか。両答申をあわせ読むと、つじつまの合わないあいまいさからご都合主義の説明であった疑いもぬぐえない。

審査会は、法に基づく権限でインカメラ審理をやれるのだから、議事録に記された個別の情報ごとに、公にすると具体的な支障が生じるおそれがあるかどうかの判断や推量ができる。それなのに、「実質秘」について何一つ説明しない外務省の主張をなぞるばかりで、四十数年も前の古証文の「形式秘」をもとに門前払いするだけでは、米政府・米軍に遠慮する外務省を審査会が後ろ支えしている図式と化す。これでは、米国は当世風の黄門様であり、古証文も永遠不滅のご印籠の葵紋ではないか。行政機関の長の判断を尊重する規定に対し、制度の利用者らに不満が募るのは当然である。

## 会談から半世紀、「交渉中」でなお公開拒否

不開示決定とそれを認める審査会答申の判断根拠が、同様に、「形式秘」をもとにしているとしか思えない典型例の一つが、領土問題をはじめとする日本とロシア、あるいは旧ソ連との間の外交関係文書である。

たとえば、表1にある「日ソ国交回復に関連し、一九五六年十月十六日から三日間行われた河野・フルシチョフ会談議事録」。当時の河野一郎・農林大臣とフルシチョフ・ソ連第一書記による会談の要旨の日本側記録である。インカメラ審理でじかに確かめた審査会によると、第一回、第二回の会談要旨は領土問題に関する話し合いの内容が、また、第三回会談要旨はソ連に抑留された漁業者の釈放と領土問題に関する話し合いの内容がそれぞれ記されている。

記者の公開請求に対し、外務省は第一回、第二回のすべてと第三回のうちの領土問題に関する部分を不開示とした。その理由について「日ロ間で交渉中の領土問題にかかる情報を含み、公にすると交渉上、不利益を被るお

それがあり、また、相手国との信頼関係が損なわれるおそれがあるため」と説明し、三号にあたる情報だとした。記者は異議を申し立て、ソ連政治史・ロシア政治を専門とする下斗米伸夫・法政大教授にも審査会で参考人として意見陳述に立ってもらい、以下のように訴えた。①文書には相手側に伝達された情報しか含まれていない②会談内容は終了後の記者会見などで、また、四十五年の歳月の間に国会答弁や各種資料で公にされており、すでに公知の事実だ③ソ連が崩壊し、国家の枠組み自体が変化したロシアが非公開を期待しているとは考えられない一九九六年にロシア側の記録が政府の機関誌に掲載されており、その正誤をただすためにも日本側も公開すべきだ。

しかし、審査会は答申で以下の理由をもとに退けた。[注6]

①ソ連側の反応への日本側の評価や分析など、ソ連側に伝達されていない事項も記され、領土交渉が継続中なので、公開すると事態の変化への柔軟な対応が制約されるおそれがあるとの説明は不合理でない②率直な意見交換がされた状況や内容には未公表のなお機微な点を含んでいる③ロシアはソ連の継承国で連続性が認められ、領土交渉は継続されている④ロシア側が公にしても、わが国としては国益や交渉上の立場などを総合的に検討し独自に判断する必要がある⑤ロシア側が実効支配し、また、返還すべきではないとする一定の勢力もいるなかで、本件文書を領土交渉でどう位置付けるかなどには高度の政治的・政策的判断が伴う。

下斗米教授は、二十一世紀の日ロ関係は両国民が公開論争と真の歴史的和解によって懸案問題の解決に取り組むべきであって、文書を開示し、民主的手続きと情報公開とによって懸案問題を国民に説明し、ともに解決していく道筋を模索する時にきていると主張した。だが審査会は、国民への説明をいつ、どんな方法でおこなうかについても高度の政治的・政策的判断が伴うとして退けた。

## 政策づくりへの国民参加を拒む垣根

表1、表2にまとめた三号、四号関係のケースでは、請求者・不服申立人が対象文書を公開することの公益性を訴えても、これを退ける省庁と審査会の判断理由は形式的であったり、一般的、抽象的、あるいは概括的であったりするものが多い。ほかの規定では、たとえば行政の事務・事業情報に関する六号では、政府マニュアルで(注7)「『支障』の程度は名目的なものでは足りず実質的なものが要求され、『おそれ』の程度も単なる確率的な可能性ではなく、法的保護に値する蓋然性が要求される」と厳格さが求められているのとは大違いだ。

こうして見てくると、行政機関の判断を特別に尊重する規定は、政府の失政や失策の可能性を織り込むこともなく閣僚や官僚たちの専門性を高く評価しすぎることによって、結果的に、国民の政策チェックや政策づくりへの参画を拒み、遠ざけているのではないか。

情報提供者への謝礼や、日本の政策に理解を求める工作費などにあてられる外交機密費(報償費)。年間予算三十億円にのぼるその支出に関する書類についても、全面非公開とする外務省の判断を、審査会は答申(注8)で本体部分についてはほぼ妥当と認めた。

異議を申し立てた記者は、相次いだ公金流用事件などを例に引いて、報償費が適正に執行されているかを公開によって国民がチェックすることの公益性を訴えた。しかし、審査会は「異議申立人の主張するような公益性を認めることができないとは言えないが、対象文書の性格、内容にかんがみれば、不開示とすることにより保護すべき利益を上回るとは言えない」として退けた。その結論を引き出すためにどのような比較衡量をしたかには触れなかった。

情報公開法の制定にかかわった堀部政男・中央大大学院教授は、これら特別扱いの規定の問題点について記者から尋ねられ、「改正の必要があるかどうか、大いに議論すればよい。要は、外交活動を外交官に任せておくだけでよいかという問題であって、そのありようを議論するきっかけに情報公開法がなってもよい」と、国民にボールを投げ返した。

## インカメラ審理が尊重規定を骨抜きに

尊重規定であるがゆえに、審査会が公開による支障について踏み込んだ判断をせずに省庁の論理にすり寄る余地も生じやすい。

たとえば四号のケースで、表2の「特定労働組合における特定団体活動家による特定事件被疑者一覧表等」。その答申（注9）にこんなくだりがある。退職強要被疑事件で警視庁が押収した資料などの「分析結果」について、公開請求を受けた警察庁が四号の不開示情報に該当する理由として、「警察の特定団体に対する情報収集の着眼点、情報収集能力、情報分析能力等が明らかとなり、特定団体等に防衛措置を採られる」などを挙げたのに対し、異議申立人が「この程度の理由説明では漠然としすぎていて、刑事法の執行に具体的な支障が生じるものとは認められない」と主張。審査会はこの反論を取り上げたものの、四号の対象情報の扱いの特殊性を強調するだけで、「行政機関の長の一次的判断を尊重し、その判断が合理性を持つ判断として許容される限度内のものであるか否かについて審理・判断することが適当であるとしてこのような規定振りにされたものであり、異議申立人の主張するように、刑事法の執行に具体的な支障が生じる場合でなければ同号該当性が認められないとまでは言えない」とかわした。

また、不開示を妥当とする判断基準もあいまいだ。たとえば、「外交上の機微にわたる事項に属する各国の動向が記載されているものと認められる」といった認定で使われるキーワード「機微にわたる事項」もその程度には大きな幅があるだろうが、支障の生じるおそれの度合いについては省庁の判断に任せるということなのか。

一方、「行政機関の長が認めることにつき相当の理由がある情報」かどうかを審査会がチェックするにはインカメラ審理が最も効果的だから、三号、四号該当が不開示決定の理由になっているケースではほとんどで実施されている。その結果、独自の判断で該当しないとして開示を求めるケースも多い。

たとえば、表にはないが、一九六五年に鹿児島県奄美諸島沖の太平洋上でベトナム戦争から戻る米空母から水爆搭載の攻撃機・スカイホークが海中に墜落した事件で、在米大使館から外務省に届いた三点の電文について、同省が米国との信頼関係などを理由に非公開とした件。

審査会はインカメラ審理をし、電信システムの情報などのほかは全部公開するよう答申で求めた。(注10)一点は、日本政府の照会に対し米政府が破損した核兵器の現状、核物質の成分や性質、環境への影響、水域の調査予定などを口頭で回答した内容。答申は、それまでに明らかにされた事実のほか、米国側の考え方や認識を補足するものに過ぎないとした。もう一点も、国会で読み上げられた米政府の最終回答の元になったものなど。残る三点目はその英文を送るという連絡通知。

答申はいずれも、外務省が説明するような日米安全保障体制の下で行われる米軍の具体的な運用と密接に関連する内容と認めることは困難、とした。さらに、一連の電文は政府が事件について国民に説明するために行った照会に対する米政府の回答を記したもので、米政府はその公表を日本側に委ねるという姿勢だったと推量できるとし、事件発生から三十年以上、両政府の間で問題の事実上の決着を見てから十年以上がたって、電文を公にしても米国が日本に不信感を抱くおそれは考えられない、とした。

インカメラ審理と、事件をめぐる経過、事実関係の確認によって不開示該当性をここまで突き詰められると、行政機関の一次的判断を尊重する余地などなくなってしまう。

終戦直後の昭和天皇とマッカーサー連合国軍総司令官の第一回会見録は、三号該当が最大の不開示理由だったが、審査会答申[注11]は実質秘はないとして全面公開を求めた。その具体的な理由として答申は、①会見から半世紀以上もたって国際情勢は大きく変わった②二人が亡くなって何年もたっている③天皇は当時、外交も含め行政権を統括・保持していた④歴史的重要性から会見に国民的関心が高い——などを挙げた。

四号関係でも、たとえば表2の「ハイジャック事件の予告で開かれた空港の保安担当者会議に関する文書」では、「保安担当者会議メモ」のうち「犯行の手口について関係者が対応策を協議した内容が記載されている部分」について、答申[注12]は「対応策は、会議で話し合われた当面の対応策であるが、本事件発生後、抜本的な改善策がとられたため、現時点においてはもはやこれらの当面の対応策は意味がなくなっている部分がほとんどである。そのような部分は公にしても犯罪の予防に支障が生ずるおそれはなく、法五条四号の不開示情報には該当しない」として開示を求めた。

審査会がインカメラ審理によって踏み込んで判断するそのようなケースがいくつもあるのだから、行政機関の長の判断を尊重する挿入文言はあえて必要がないとさえ思えてくる。その他の規定該当情報にも「判断に高度の政策的判断を伴う」もの、「将来予測としての専門的・技術的判断を要する」ものがいくらでもあるだろうから、分野によって扱いに明らかな差を設けることの疑問もわいてくる。

## 平和憲法の国だから一層の公開を

三号、四号に規定する情報について「要綱案の考え方」は、「その性質上、開示・不開示の判断に高度の政策的判断を伴うこと、対外関係上の又は犯罪等に関する将来予測としての専門的・技術的判断を要することなどの特殊性が認められる」などとして、特別扱いの必要性を力説する。また、前出の政府マニュアルは、これらの規定の解説のなかで、関係情報の管理・取り扱いが法の適用外など、日本より厳しい米国や韓国などの例を紹介している。

だが、ここで考え直してみたい。

外交・防衛のあり方は、隣国や国際社会との付き合い方の問題だ。国家という大きな単位の行く末を決める事柄だけに、いったん道を誤ると容易に引き返せず、取り返しがつかなくなる危険がある。その恐ろしさは、先の戦争で体験済みだ。人権侵害と隣り合わせの四号関係の分野にも、同じことがいえる。それだけに、国民に対し情報公開がいっそう必要なのであって、行政機関の判断を特別に重視する発想は時代に逆行していないか。今般のイラク戦争や朝鮮半島の緊張を見ての通り、米国や韓国は軍事が重視されてきた国々だ。平和憲法をいただき、経済繁栄を成し遂げてきた日本は、情報公開制度においても、こうした国々のやり方に近づけようとするのではなく、独自の発想がふさわしいのではないか。

注1　総務省ホームページの「情報公開法制の確立に関する意見（行政改革委員会）」に掲載。

注2　正式名は「日本国とアメリカ合衆国との間の相互協力及び安全保障条約第六条に基づく施設及び区域並びに日本国における合衆国軍隊の地位に関する協定」

注3　答申番号・平成十五年度（行情）６６０

注4　十五年度（行情）７０９

注5　十四年度（行情）２４８

注6　十四年度１３５

注7　総務省行政管理局編『詳解　情報公開法』

注8　十五年度（行情）５４７・５６８

注9　十五年度（行情）717
注10　十五年度（行情）131
注11　十四年度181
注12　十三年度066

## 表1　情報公開法第5条3号の不開示情報に該当するとされた主な文書の例（関連するケースごとに並べた）

| 請求先 | 請求文書・テーマ | 3号に該当するとされた文書・情報 | 異議申立人らの主な主張 | 審査会が妥当とした主な理由＝答申（年度は平成） |
|---|---|---|---|---|
| 外務省 | 横須賀基地の土壌汚染にかかる米当局への照会等の文書 | 米国務省や大使館からの連絡文書など | 対策工事が10年以上も延期されるほど汚染は深刻で、市民団体の調査では国の調査とは違う場所でなお汚染が確認されている。市民生活に大きな影響があるので公開の公益性は極めて高い | 照会に対して、単に事実関係でなく米側の率直な回答などが記されていて、文書の性格を公表しただけでも相手国との信頼関係に影響を及ぼすおそれがある＝十五年度（行情）６６０ |
| 環境省 | 日米合同委員会環境分科委員会の議事録 | 92年3月第16回会合から01年2月第26回会合までの議事録と付属文書 | 米側の意向に従うだけでなく、公開すると米国との関係が悪化する蓋然性があるかどうかを、文書の中身で判断すべきだ | 60年の委員会で、相互の同意なしに公表されないと合意され、分科委員会などの議事録も同じ扱いだ。外務省は米側から「すべての議事録の公表に同意しない」との回答を得ていると説明したという＝十四年度（行情）２４８ |
| 外務省 | 日米合同委員会の設置や運営ルール、沿革に関する文書 | 第1回日米合同委員会議事録 | 個別案件の具体的情報も人名なども記されていないはずだ。日米双方の合意がない限り公表されないとしたのはいつのことか、いまや過去のものではないか、公開して実際に支障があるのか | 日米間の率直な意見の交換や協議の内容、その結果が記されており、公にすると忌憚のない意見の交換や協議を困難にし、日米地位協定の円滑な実施を阻害するおそれがある。わが国としても今後のためにも公表はできないとの説明は不合理ではない＝十五年度（行情）７０９ |
| 外務省 | 01年9月の東京都防災訓練で在日米軍横田基地を使用することの対米交渉文書 | 日米合同委員会の議事録本文と、基地立ち入りに関する同委員会あて施設分科委員会の覚書 | 外務省の対米交渉記録があるはずだ | 本文には「この議事録は（両政府の）相互の合意なしに公表されない」と記され、公表する事案には覚書はない。主管庁は防衛施設庁で、他に記録はないとの説明は不自然でない＝十五年度（行情）４６６ |
| 外務省 | 普天間基地から岩国基地へ米海兵空中給油機部隊を移駐させることの日米両政府の協議文書 | ①96年4月の日米特別合同委員会（SACO）第2回会合の協議内容の日本側記録②米側関係者との一連のやりとりを記録した文書4件（件名も非公開） | 岩国移駐は普天間飛行場周辺の航空機事故・騒音などの被害を軽減させるためで、その取り決め事項を公開しても他国との信頼関係を損なうことなどはない | 移駐決定までの協議は率直かつ真剣な意見交換がされ、基地の整理・統合・縮小を実現させるために踏み込んだやりとりがされていて、双方が公表を合意した以外の文書を公表しない前提で協議をしているという説明は認めるとができる＝十五年度（行情）４７８ |

| | | | | |
|---|---|---|---|---|
| 国土交通省 | 沖縄周辺空域の米軍管制施設の業務実態に関する管制官の報告書 | 報告書と、管制官が派遣されたとき米軍から取得した英文の資料 | 通過交通量など基礎的な現況データは他のデータなどから推量できる。日米安保を理由にすべてを外交上の秘密にすべきではない | 航空管制の体制、米軍機の発着などのデータは米軍として秘匿性の高い情報だ。派遣前の覚書には在日米軍の極めて微妙な事項を扱うとされ、軍担当者から公開を憂慮する書簡が届いている＝十五年度（行情）０３３ |
| 金融庁 | 金融再生委員会委員長が米国財務副長官から受け取った文書 | 就任への祝辞と、副長官のスタッフが作成した日本の金融行政に関する「ノート」 | 国民の代表として受け取ったのだから、国民に広く知らせるべきだ。公にして害されるのは、助言を十分受け入れず不良債権問題を抱え続ける政府・金融当局の信用だけだ | 高度な政策的・専門的事項について具体的な記述がある。当事者間で事前の了解がない限り、国際慣行上公にされることは想定されていない＝十四年度１０８ |
| 農林水産省 | ガット、ウルグアイラウンドなどコメが部分開放された経緯を示す資料 | 日米農業担当責任者の会談記録、農水大臣とガット事務局長との会談記録など | 8年以上も前に決着した交渉記録を公開しないのは、密約や国民への裏切り行為があったのではないか | 公開しないことを前提とし、あるいは公表しない約束で行った意見交換である＝十三年度１６６ |
| 外務省 | 日ソ国交回復に関連し56年に行われた河野・フルシチョフ会談の記録 | 全3回の会談の記録要旨のうち、領土問題に関する部分 | 二国間会談の内容は公開しない国際慣行などない。ロシア側の記録は公表され、正誤をただすため日本側も公開すべきだ。会談から四十数年、相手国も生まれ変わり、公開しても信頼関係が損なわれると思えない | 相手側の反応についての日本側の評価や分析も記され、領土交渉が継続中であることから、本件記録を交渉でどう位置付けるか、国民への説明をいつ、どんな方法でするかには高度の政治的・政策的判断が伴う＝十四年度１３５ |
| 外務省 | 日ソ共同宣言第9項（領土条項）関係想定問答 | 国会質問の答弁に備えて作成された想定問答のうちの領土問題に関する3問の答えの部分にカッコ書きで記された追加説明や参考事項 | 政府の公式見解が記されているなら、公開を拒む理由がない。公開された問答には、継続中の交渉で不利益を被るおそれのあるものもあり、判断は恣意的だ。交渉から半世紀、国民に公開し、交渉の方向性について広く議論に付す時期だ | 領土をロシア側が実効支配し、返還すべきでないとする勢力がいる状況で、交渉に影響を及ぼしうる内容の文書を公開すれば、柔軟な対応が制約されると判断したことは不合理ではない。国民への説明をいつするかなどにも高度の政治的・政策的判断が伴う＝十五年度（行情）１８３ |
| 外務省 | 北方四島住民支援に関する実地報告書（98～00年度） | 「色丹島住民に対するディーゼル燃料の緊急供与（実地報告及び所感）」など | 支援事業が縮小した現状では職員の所感や現状分析を公開しても信頼関係を損なうおそれは乏しい | 職員の分析・見解はその立場から現状を端的に示したもので、公開すると他国との信頼関係が損なわれるおそれがあるとの判断に相当の理由がある。公開による利益は非公開で保護される利益を上回らない＝十五年度（行情）６１２ |

| | | | | |
|---|---|---|---|---|
| 外務省 | 日本とフィリピンの領事当局間の協議など | フィリピン人労働者の入国などの懸案事項についての協議の出席者、その内容など | 違法行為を排除するため、公開する公益性がある | 両国の担当者は公開を前提とせずに意見交換をし、懸案事項の解決や対処には双方の理解と協力が必要だから協議の場が設けられたと考えられる。公開すると信頼関係を損なうおそれがある＝十五年度（行情）３９６ |
| 外務省 | タイ環境保全基金支援事業の融資契約など | 海外経済協力基金とタイ国との間で結ばれた借款契約書 | 政府開発援助（ＯＤＡ）の透明性の確保に情報公開は必要だ。世界銀行は同様の文書を公開している | 借入人の信用力や事業の実施能力が分かる情報で、タイも同国の情報公開法を基に不開示を要請している＝十四年度０９３ |
| 法務省 | 出入国管理特別法法令案審議録のうち法務省から内閣法制局に提出された分 | 在日韓国人の法的地位・待遇に関する日韓協定を締結する時の交渉経過 | 外交交渉の部分は、不開示情報にあたらない | 協定の合意された議事録にも記載がなく、両国の交渉当時とその後の経過などからその内容は機微な問題を含む＝十四年度１１１ |
| 経済産業省 | 地球温暖化防止京都会議に関する環境庁幹部会記録など | 環境庁長官室で開かれた幹部会の記録、地球環境問題担当大使と米国務次官の電話会談の記録、ゴア副大統領が橋本首相を表敬したときに日本側が準備した資料など | 二酸化炭素の削減目標を達成するには、国民や企業の省エネ努力が必要で、削減目標についての京都議定書がどのような経緯で成立したかを説明する責任が政府にはある | 各国の立場、真意への推測、相手国の組織体制への評価、相手国との接し方などが記され、これらは公にしないものだ。相手国から入手した情報は公開を前提としていない。想定する提案内容や落としどころといった交渉の対処方針などを公にすると、相手側に明らかとなってしまう＝十五年度（行情）３２１ |
| 外務省 | 愛知万博の誘致のために①つくった文書②交渉記録③本省への報告書 | 万博誘致に向けて博覧会国際事務局の加盟国から支持を得るためにおこなった要請や折衝の内容、投票に関する各国の意向や日本への支持・不支持の分析、評価などが記載された文書 | 巨大な国際イベントの招致には高い公正性、透明性が求められる。多額の公費を使った招致活動は適正な方法で行われたか、政府には国民に明らかにする責務がある | 投票行動についての情報は国際的に公表慣行はなく、当然秘匿されるとの相互の信頼関係を前提に折衝などが行われていたと認められる。公開による公益は、他国との信頼関係が損なわれないよう保護する利益を上回らない＝十五年度（行情）２２４～２２５ |
| 農林水産省 | 食品規格の国際委員会に臨むカドミウム対策の省内連絡会議の文書 | 交渉に臨む方針や他国との情報交換・調整などの方策 | 政府は損得で規制値の交渉をしているので、その価値観について説明責任がある | 公にすると、進行中の交渉についてわが国の採る立場が明らかになる＝十三年度０２５～０２６ |

| | | | | |
|---|---|---|---|---|
| 水産庁 | 北太平洋・南氷洋でおこなった調査捕鯨に関する文書 | クジラの追跡をはじめた時間、死に至るまでにかかった時間 | 対象のデータは国際機関に送られ資源管理の科学的基礎とされることが国際捕鯨取締条約上で想定されているので、非公開とはできない | 国際捕鯨委員会で反捕鯨国・団体などが対象情報の時間について議論を繰り返すことで、商業捕鯨の一時停止の撤廃が遅れており、公開はわが国による捕鯨再開への交渉の障害となるおそれがある＝十五年度（行情）６９０ |
| 法務省 | 先進国国際テロ対策専門家会合の記録 | 会議概要や協議結果、議題、関係国の方針などの調査・回答、わが国の対処方針など | 終了した会合などの内容は国会での説明や報道がされていて、一切を公開しないことに十分な理由はない。終了した会合がテロに狙われることはない | 会合の経緯や内容は秘匿されるべきことが参加国の共通理解。終わった会合の開催時期や場所も、今後の開催時期や場所を推測させるおそれがある。国会審議などの公開資料と同じような記載はない＝十四年度（行情）３６０ |
| 防衛庁 | 自衛隊統合防災演習の実施計画にかかる文書 | 自衛隊の通信手段などに関する記述、日米共同訓練の実施時期 | 防災訓練にかかわる文書であって、テロなどを招くおそれがあるというのは理由にならない | 記述された通信手段などは緊急事態や有事でも使われる。不開示の決定がされたのは米国の同時多発テロの後で、米軍関係者が訓練のため特定の場所にいることを相当以前から明らかにすると、生命などが害されるおそれがあり、米国との信頼関係も損なわれるおそれがある＝十五年度（行情）４３１ |
| 防衛庁 | 護衛艦「うみぎり」の事故調査報告書 | 艦内の火災の原因究明、再発防止などを目的とした調査委員会の報告書の中の艦内配置図 | スミ塗りのため事件の実態が分からず公開の意味がない。公判記録の閲覧では防衛庁による不開示部分を検察庁は公開している | 配置図は艦の防御能力や性能に関する重要な区画のもので、明らかになると任務遂行に支障をきたすおそれがあるとの説明は相当の理由がある。訴訟記録の閲覧は別の制度で、対象文書は訴訟記録にもない＝十五年度（行情）４０８ |
| 防衛庁 | 重要事態対応会議の議事録など | 北朝鮮のミサイル発射や不審船侵入などへの防衛庁・自衛隊の対応を協議した記録 | 国民の生命、財産の保護に重大な影響があり、個人の権利制限を含めどう議論しているか説明する責任がある | 公になれば、任務の遂行に支障が生じ、わが国や国際社会の平和と安全を脅かすおそれがある＝十四年度００１ |
| 外務省 | 「わが国の外交政策大綱」 | ６９年に作成された大綱と、大綱をまとめるための討議の内容が記された第１回から第４回までの記録 | 決定に先立ち、個別具体的な検討がされたのか。記録の全文非公開は行き過ぎで、内容を精査し支障が生じない部分は公開せよ | 大綱の記載のうち、特定国に対する政策で極めて機微にわたる内容の部分のほか、誰がどんな発言をしたか分かる記録には極論めいた発言や憶測などに基づく発言なども含まれている＝十五年度（行情）７６４～７６５ |

| | | | | |
|---|---|---|---|---|
| 外務省 | 特定新聞が報じた「政府が集団的自衛権の憲法解釈見直しを検討した報告書」 | わが国の安全保障政策を検討する上での課題について、関係省庁の一部関係職員の間でされた議論を土台に中間的にまとめたもの（件名も非公開） | マスメディアで内容が報じられているのに全面非公開は行き過ぎだ | たとえ非公式、未成熟なものでも関係省庁の関係職員がした議論をまとめたものなので、公にするとわが国の政策の方向を示すものかのように受け取られ、他国の誤解や憶測、行動などを招くおそれがある＝十五年度（行情）６４０ |
| 外務省 | 外交機密費（報償費、96～00年度分） | 情報提供者への謝礼や政策理解の工作費などの支出決定・支払手続きの文書、領収書など証拠書類 | 非公開は公金流用やずさんな使い方の隠れ蓑になっている。公開してチェックすべきだ。公開しても支障のないものもあるはずだ | 情報提供者や相手国との信頼関係が損なわれたり、交渉上不利益になったりするおそれがあるとの説明は相当の理由がある。非公開で守る利益を公開による公益は上回らない＝十五年度（行情）５４７～５６６ |
| 外務省 | 報償費の執行基準に関する文書（91～00年度分） | 報償費の定義と配分決定のやり方、使い方の基本的な考え方、留意事項、使途の類型と類型ごとの情報収集・活用方法など | 報償費の使い方の一般的な手続きやルールを公開することが、なぜ、他国との信頼関係を損ねることになるのか。納税者に使途などを説明する責務がある | 配分の重点、使途の類型ごとの情報収集・活用方法、設宴の対象者の類型・範囲、単価限度額などが記され、これらを公にするとわが国の情報収集活動などの手法の詳細が明らかになり、設宴の資金の限界も明確になって、誤解や憶測を生むおそれがある＝十五年度（行情）７８５ |
| 外務省 | 在外公館査察報告書（90～00年分） | 報告書と、事後措置などについての公電などのフォローアップ関係文書 | 数々の公金流用事件を見抜けなかった査察制度は、公館の適正運用や職員の不正防止にどう役立っているのか、どんな問題点を抱えているのかといった国民の疑問は、報告書が公開されなければ解消しない | 公館所在国の政治動向、社会状況、日本との関係などの記述は、両国の関係に影響を及ぼすおそれがある情報。公館の実情や内部事情が外部にさらされると対外的にわが国が不利益を被る可能性がある＝十五年度（行情）７６８～７７７ |
| 外務省 | 在外公館長の赴任先への贈答品購入にかかる報償費支出決議書など（96～00年分） | 在外公館長が赴任国の政府関係者などに贈る総額50万円以上の贈答品を購入するのに使った報償費の支出決定書類、領収書などの証拠書類 | 報償費の本来の使い方から外れており、ずさんな使い方も会計検査院から指摘されている。公開によってチェックが必要だ | 贈呈対象者や国名、品目が公になるとその国に対する評価や位置づけが推定され、外交儀礼上の支障を生ずるおそれがある。報償費の使い方を国民が知ることの公益性は非公開で保護する利益を上回らない＝十五年度（行情）６７３～６７７ |

表２　情報公開法第５条４号の不開示情報に該当するとされた主な文書の例

| 請求先 | 請求文書・テーマ | ４号に該当するとされた文書・情報 | 異議申立人らの主な主張 | 審査会が妥当とした主な理由　請求先＝答申（年度は平成） |
|---|---|---|---|---|
| 検察庁 | 「特に犯罪悪質等の無期懲役刑確定者に対する刑の執行指揮及びそれらの者の仮出獄に対する検察官の意見をより適正にする方策について」（依命通達） | 一定の対象者の仮出獄の審査などにあたっての意見照会への対応についての指示 | 仮出獄をどの時点で認めるかは社会のコンセンサスが必要だ。仮釈放を決定する権限は地方更正保護委員会にあって、検察官にはないから文書を公開しても支障はない | 事件の捜査・公判に関与した検察官・裁判官は事件内容などを詳細に把握し実態に精通しているので、対応を統一すれば仮出獄の諾否に相当の影響を与える。公にすると、受刑者の改善更正の意欲に影響を及ぼし、矯正施設内での秩序維持に支障を及ぼすおそれがあるとの判断には相当の理由がある＝十五年度（行情）００１ |
| | 再審無罪事件検討結果報告 | 最高検内部の検討委員会で、再審で無罪判決が出て確定した特定の事件を取り上げ、それぞれの捜査・公判の経緯などに即して問題点を検討した結果を記載した文書 | 二度とこのような冤罪事件を起こさないために検討会を持ったのであれば、教訓や問題点を国民の前に示し、議論に付してこそ検察庁に対する国民の信頼を回復できる。捜査や公訴維持に支障を及ぼすおそれがあるなら、その部分だけ不開示にすればよい | 検察官の執務のための部内資料なので、個別事件の具体的内容に即して今後の捜査・公判のあり方に関する詳細なものとなっている。公にすれば、今後の捜査の手法や観点などが明らかとなり、対抗措置などがとられて適正な捜査や公判の遂行が妨げられると考えることに合理的な理由がある＝十五年度（行情）５０２ |
| 検察庁 | 狭山事件の領置票 | 事件の証拠品の品名、数量などや事件の罪名、被疑者名などが記された領置票 | 事件は再審請求中だが確定事件であり、領置票が公にされても捜査などに支障はあるはずがない。どんな支障があるか具体的な立証が必要だ | 記載事項は証拠品に関する捜査の有無、内容、これに基づく公訴維持の状況を示すもので、その開示・不開示の判断にあたっては捜査や裁判に不当な影響を及ぼさないよう、また、関係者の名誉やプライバシーを不当に侵害しないよう専門的、技術的に慎重な判断が求められる＝十四年度１３６ |
| 法務省 | 横浜拘置支所にかかる室内検査記録 | 階数、検査した場所、重点個所、押収品とそれがあった場所、収容者の氏名など | 保釈、判決、移送、入院などで収容者の出入りが激しいので、階数まで非公開にする必要はない。各地の刑務所での殺人事件が示すように隠蔽体質がある | 逃走などに用いる物品の作成・所持を見逃して実際に逃走されるケースが起きており、効果的な発見のために検査の時期や場所、重点個所を事前に察知されないことが重要だ。舎房名と階数を公にすると検査の周期性や規則性が推測され、押収品などを公にすると検査の着眼点なども分かる＝十五年度（行情）６９５〜６ |

| | | | | |
|---|---|---|---|---|
| 警察庁 | 不祥事案に関する警察庁と神奈川県警の間の文書 | 事案に関する県警から警察庁にあてた報告や、県警に対する指導文書など | 警察官がどんな事件をなぜ起こしたか、どうすれば再発を防げるかについて、できる限りの情報を公開して世論の判断を仰ぐことなくしては、住民の協力を得たスムーズな警察行政を遂行できない | 関係者の供述や協力はその内容が公にならないことを前提に得ており、公にすると供述などが得られなくなり、捜査方針や関心事項なども明らかとなる＝十五年度（行情）００３ |
| 警察庁 | 特定労働組合における特定団体活動家による特定事件被疑者一覧表等 | 退職強要被疑事件で検挙された労組幹部７人の「被疑者一覧」、押収資料などを分析した「分析結果」、団体と労組の関係を示す情報が記された件名を明らかにしていない文書４点 | 事件は社会の重大関心事として公表され、公知の事実となっているから、公にしても今後の情報収集や捜査などに支障を生じるおそれはなく、漠然とした理由は通らない。件名を明らかにしないのは法の趣旨に反する | 警察の情報収集能力、分析能力などに関する情報は、公表情報とは性質を異にする詳細かつ個別具体的なものが全面にわたって記載されており、公にすると特定団体に対する情報収集活動、捜査に重大な支障を及ぼすのは明らか。犯罪などに関する将来予測としての専門的・技術的判断を要することから、行政機関の長の一次的判断を尊重し、それが合理性を持つものとして許容される限度内かどうかを審理・判断することが適当だ＝十五年度（行情）７１７〜７１８ |
| 国土交通省 | ハイジャック事件の予告で開かれた空港の保安担当者会議に関する文書 | 会議の記録メモ記載のうち、犯行手口について現場確認をした状況の部分、防犯設備の機能などの対策 | 投書を受けたのに事件を防止できなかった関係当局の対応を解明するために公開すべきだ。事件後、改善策がとられ公開しても犯罪の予防に支障はない | 犯罪防止対策の内容を犯罪を企てる者が知れば、犯行計画が立てやすくなり、犯罪発生の可能性が高くなるおそれがある＝十三年度０６６ |
| 外務省 | キルギス邦人誘拐事件での公電 | 武装勢力との接触状況など現地の提供情報やわが国の対処方針などを記した在外公館と外務本省との間の公電 | 事件の情報が無制限に流れると、ニセの犯人による要求が多発するなどと外務省は言うが、少なくとも事件解決後にはそのような支障はおこらない。日本政府は国費で身代金を支払ったかどうかを明らかにすべきだ | 国際的な誘拐事件では関係国の政府関係者や情報提供者は、やりとりする情報が当然秘匿されるという期待と信頼を前提にしている。犯人が逮捕されておらず、捜査が困難になり、事件の対処方針や交渉の情報が公になると、同種の犯罪への対応が予見される＝十三年度０２１ |
| 海上保安庁 | 九州南西海域不審船事案にかかる巡視船いなさ航海日誌 | 出港地に関する記載の一日目の部分、緯度・経度で記した船の位置の部分と、航程、事件での時間と航海・航走行動・活動の状況を示す記載、燃料の消費量や補給量 | 海上保安庁のホームページや別の内部資料によると威嚇射撃は不審船が日中両国の中間線を越えて中国側に入った段階で開始された可能性がある。真相究明のために裁量的開示が求められる | 公になると巡視船の海上での犯罪捜査などの業務の行動パターン、船の対応能力や性能の一端がうかがい知られるところとなる＝十五年度（行情）６２８ |

| | | | | |
|---|---|---|---|---|
| 総務省 | 国立市に設置されている携帯電話基地局の無線局事項書 | 町字名以下を含む基地局の所在地 | 基地局がもたらす電磁波対策の研究のために設置場所を把握する必要がある。多くの国が設置場所を公表しているが、基地局に危害が加えられた報告はなく、加えられても他局の代替が可能だ | 総務省の説明では日本でも外国でも基地局施設の損壊などの危害事例が起きており、公にすると危害活動が容易になる。携帯電話加入者は固定電話加入者をかなり上回っており、重要地域をカバーしている局もあって、危害が加えられた場合の影響は大きい＝十五年度（行情）451 |

# 第四章　何を守る個人情報規定

## はじめに「不開示」ありき

「原則公開」の情報公開法は、例外とする「不開示情報」の六類型の一つに「個人に関する情報」を設けている。プライバシーなど個人の権利利益を保護しようとするものだが、その規定は始めに「個人に関する情報」をまとめて「不開示情報」としたうえで、保護する必要のない情報をあとから除外するという手法をとっている。「原則公開」をいわば白黒反転させ、正反対の「原則非公開」のルールを導入したようなものだ。問題の規定は、以下の通りである。

（行政文書の開示義務）

第五条　行政機関の長は、開示請求があったときは、開示請求に係る行政文書に次の各号に掲げる情報（以下「不開示情報」という）のいずれかが記録されている場合を除き、開示請求者に対し、当該行政文書を開示しなければならない。

一　個人に関する情報（事業を営む個人の当該事業に関する情報を除く）であって、当該情報に含まれる氏名、生年月日その他の記述等により特定の個人を識別することができるもの（他の情報と照合することにより、特定の個人を識別することができることとなるものを含む）又は特定の個人を識別することはできないが、公にすることにより、なお個人の権利利益を害するおそれがあるもの。ただし、次に掲げる情報を除く。

イ　法令の規定により又は慣行として公にされ、又は公にすることが予定されている情報

ロ　人の生命、健康、生活又は財産を保護するため、公にすることが必要であると認められる情報

ハ　当該個人が公務員等（国家公務員法＝中略＝第二条第一項に規定する国家公務員＝中略＝、独立行政法人等＝中略＝の役員及び職員、地方公務員法＝中略＝第二条に規定する地方公務員並びに地方独立行政法人＝中略

＝の役員及び職員をいう。）である場合において、当該情報がその職務の遂行に係る情報であるときは、当該情報のうち、当該公務員等の職及び当該職務遂行の内容に係る部分」

まず、「個人に関する情報であって」と大きな網をかけたうえで、実質的に三つの情報の類型を示し、網のすそを最大限に広げている（「事業を営む個人の当該事業に関する情報」が除かれたのは、二号の法人等情報の例外規定に移したためである）。

「個人に関する情報」とは、政府の解説書[注1]によれば、「個人の内心、身体、身分、地位その他個人に関する一切の事項についての事実、判断、評価等のすべての情報が含まれるものであり、個人に関連する情報全般を意味する。したがって、個人の属性、人格や私生活に関する情報に限らず、個人の知的創作物に関する情報、組織体の構成員としての個人の活動に関する情報も含まれる」ということになる。

また、「氏名、生年月日その他の記述等により」の「その他記述等」として、同解説書は、住所、電話番号をはじめ、役職名、個人別に付された記号、番号（振込口座番号、試験の受験番号、保険証の記号番号など）を例示し、複数の記号などが組み合わされると特定の個人を識別することになる例は多いと指摘する。

こうした定義に従うと、一号本文にもとづく「不開示情報」の範囲は際限なく広がる。さらに、「他の情報と照合することにより、特定の個人を識別することができることとなる」情報や、「特定の個人を識別することはできないが、公にすることにより、なお個人の権利利益を害するおそれがある」情報が漏れていないか、網の目を増やさねばならない。そのうえでやっと、プライバシーなどを本当に侵害するかのチェックをする。

こんな手順の踏み方では、始めから保護すべき情報を探すやり方より「不開示情報」がどんどんふくらんでしまうだろうことは、想像に難くない。事なかれ主義の役人の手にかかれば、なおさらだ。

## 何を守るための例外規定か

例外規定から除外する情報の類型は、「ただし書き」に列挙されている。原則公開に戻すべき情報の類型である。だが、その類型は三種類しかない。しかも、不開示によって守る利益と開示による利益とをはかりにかけ、開示による利益が大きい場合に、その公益がどんな分野のものであれ開示する、とする一般的な基本原則を示す規定は見当たらない。つまり、対象文書に「個人に関する情報」が含まれると、まず「不開示」の大網がかけられるのに、交ざっていたもともと「開示すべき情報」をそこからすくい上げる網の目が粗すぎるので、開示されるべき情報も不開示のまま多くが漏れ落ちてしまうのである。

ただし書きイの趣旨について、上記解説書は「個人識別情報であっても、一般に公にされている情報については、あえて不開示情報として保護する必要性に乏しい」と記す。あくまで不開示による保護利益にしか着目していない説明である。ただ、後段の「公にすることが予定されている情報」の解説はこうだ。

「将来的に公にする予定（具体的に公表が予定されている場合に限らず、求めがあれば何人にも提供することを予定しているものも含む）の下に保有されている情報をいう。ある情報と同種の情報が公にされている場合に、当該情報のみ公にしないとする合理的な理由がないなど、当該情報の性質上通例公にされるものも含む」

「求めがあれば」以下のくだりは、比較衡量に基づく公益を優先する規定のようにも読めるが、トーンは弱い。

ただし書きロは、比較衡量を求める規定だが、開示による利益を「人の生命、健康、生活又は財産」に限っている。情報公開法案のたたき台をつくった行政改革委員会の「情報公開法要綱案の考え方」(注2)は、開示による利益を限定する根拠を示していないが、ほかの一般的な利益との比較衡量については同法第七条の「公益上の理由による裁量的開示」に委ねた。

しかし、一号ただし書きが義務的開示の規定であるのに対し、七条は行政機関の裁量に任せる規定だから、その結果は推して知るべし。総務省の調査結果によれば、〇三年度に全省庁でなされた「全部開示」と「部分開示」の決定、あわせて六万六千二百七十五件のうち、「公益裁量開示」はたった一件（注3）。施行初年の〇一年度で十六件、〇二年度は四件だから、細る一方。七条はもはや空文に近い。

ただし書きハは、公務員等の職務にかかわる情報を開示する当然の規定だが、対象情報に含まれる公務員等の氏名については触れていない。これについて上記「考え方」は、「ただし書きイ」の規定をもとに、たとえば中央省庁であれば課長相当職以上の者についてはすべて開示する、との基準を示した。市販の財務省印刷局編の職員録の氏名掲載基準ともなっているこの基準が実際に運用の基準となり、情報公開審査会も追認している。

この点については、「官官接待」をめぐる判例や自治体条例などを援用して、一般職員の氏名も原則公開すべきだ、との批判がある（注4）。

## かくして起こる「木を見て森を見ず」

このように一号の規定は、まずは「不開示」の大網をかけてから「ただし書き」の情報を除くという変則的な構造に加え、他の情報との照合のチェックや利益の比較衡量も求めるので、不開示とすべきか否かの線引きはむずかしい。そのせいだろう、「一号情報に当たる」とする不開示決定は、法の趣旨を逸脱し、「木を見て森を見ず」のたぐいに陥る事例が目につく。尻ぬぐい役を担わされている情報公開審査会が、答申で決定の取り消しを求めるケースは多い。

終戦から間もない時期に、昭和天皇と連合国軍総司令部（ＧＨＱ）のマッカーサー元帥との間では十一回の会見がもたれたとされる。二〇〇一年四月の情報公開法施行にあわせ、朝日新聞記者は外務省に記録の公開を求めた。同省は、第一回分の記録の存在を認めたが、「関係国などとの信頼関係を損なう」などの理由で非公開としたため、異議を申し立てた。情報公開審査会は、外務省にすべて公開するよう答申（注5）で求めた。

その審議のなかで審査会は、「宮内庁の所掌事務にも関係する」として、同庁担当者から参考人として意見を聴いた。答申によれば、宮内庁は、「記録は法五条一号の不開示情報にあたる」として、おおむね以下のように説明した。

①一号に規定された「個人に関する情報」における「個人」とは、自然人および死者を意味し、また、その社会的地位や立場を問わないものであるので、故人である昭和天皇も「個人」に該当し、昭和天皇がある日、ある人物と会ったという事実や会った際、相手と交わした会話の内容に関する情報も「個人に関する情報」に該当する。

②昭和天皇と外国要人との会話の内容は、従来から非公表扱いとされているので、本件会談記録の情報は、同号ただし書きイに該当せず、ただし書きロにも該当しないことは自明であるうえ、昭和天皇がただし書きハに規定された公務員に該当しないことは明らかである。

③本件会談は、天皇がそうした行為を行ううえで必要な国務大臣による輔弼《ほひつ》（注6）もなかったことにかんがみれば、昭和天皇が国家の統治機構の作用の主体として行う行為として行ったものではなく、個人的な立場で行った非公式のものと位置付けられるので、本件会談記録を「公務員」の「職務の遂行に係る情報」に相当するものと考えることはできない。

## 会談は「公務員の行為に準ずる」

だが、審査会はこれらの主張をすべて退けた。判断理由はこうだ。

①現行憲法の下における象徴としての天皇の有する個人としての立場には、公人としてのものと私人としてのものがある。その行為に関する情報についても同様だ。この場合、全くの私人たる天皇の個人に関する情報を除き、天皇が公人として行う行為である外国の国王・王族、大統領の接遇や外国訪問などといったいわゆる「ご公務」に関する情報については、これをすべて個人に関する情報として不開示とすることは妥当とは言えない。

②天皇がただし書きハに規定された公務員に該当しないことは明らかだが、このような公人としての行為に関する情報のうちには、その内容・性質にかんがみ、時期の問題は別として、ただし書きイの規定の適用により開示することが相当とされるものがある。

③本件会談記録は、わが国にとっても、また、わが国と米国との関係においても極めて特異な時期、特異な状況の中で、昭和天皇が公人として行った外国要人との会談にかかるものであり、その歴史的重要性が指摘されるなど国民的な関心が高い。

④ただし書きハの規定に照らしても明らかなとおり、今日、公務遂行に係る公務員の行動が情報公開の対象となることは当然のことと認識されているが、昭和天皇が行った本件会談は、実質的にはその種の公務員の行動に準ずるものと見るべきである。

⑤わが国の外交記録が一定年限の経過後に原則として公開されてきており、本件会談と同時期の外交記録は、わが国政府とＧＨＱの要人による会談記録を含め、すでに外務省によって数次にわたり公開されてきた。他方、半世紀以上を経る間に、当事者も他界している。これまで本件会談の内容について様々な形で取りざたされ、研究者により事実関係の究明や分析などがなされてきている。さらに、マッカーサー最高司令官が一連の会談について回想記に詳述している。

⑥以上の諸点にかんがみれば、本件記録は、現時点においては同号ただし書きイの「公にすることが予定され

ている情報」に該当するものとして開示することが相当と認められる。なお、本件会談が実現するに当たっては、その実施の時期等について当時の外相によるＧＨＱとの事前の協議、調整等が行なわれたことが認められ、輔弼が全くなかったということはできない。仮に、輔弼がなかったとしても、輔弼の有無が、天皇の行為の公的な性格を規定する要件になると認めることはできない。

記者は外務省と並んで宮内庁にも会見録の公開を求め、同庁が第三回会見の関係文書を不開示とした件も、審査会に持ち込まれた。この文書は、国立国会図書館憲政資料室にある幣原平和文庫の所蔵資料のうちの「第三回の会見録」とよばれる資料で、宮内庁は昭和天皇実録を編纂するために原本を複写したマイクロフィルムの形で入手していた。国会図書館では研究・調査の目的ならだれでも閲覧、コピーができるものだった。(注7)答申はこれを理由に公開を求めた。

宮内庁はその審議の場でも上記と同様の主張をし、そのなかでこんな言い方もした。

「異議申立人は、対象文書が『公人中の公人』であった人物の、『公務中の公務』に関する記録であることを理由にただし書きイに該当すると主張するが、この理由をもって、直ちに『公表慣行があり、又は公表が予定されているもの』に該当するものではない」

ただし書きイの条文解釈としてあたかも引用文のようにここに記された「公表慣行があり、又は公表が予定されているもの」は宮内庁による狭義の解釈である。なぜなら、先に述べたように政府の解説書は、条文の「公にされ、又は公にすることが予定されている」の説明として、官公庁などの「公表」に限定していない。

## 深読みが必要なあいまい条文

その通りではあるが、外務省への上記答申で示された、「ただし書きイに該当する」との審査会の判断は、その条文「公にすることが予定されている情報」や、政府の解説書にある『求めがあれば何人にも提供することを予定しているものも含む』との、イメージが起こりにくいぼやけた文言からは、ただちには読みとれない。審査会は、規定が不十分な条文の趣旨を、政府に説明責任を義務付けた法第一条と原則公開を求める法五条本文をもとに読み取ったのである。

また、情報公開審査会は上記答申のなかで、「天皇がただし書きハに規定された公務員に該当しないことは明らかだ」としながら、「昭和天皇が行った本件会談は、実質的にはその種の公務員の行動に準ずるものと見るべきである」との判断を示している。ただし書きハの対象は、規定を見ての通り、文字づらでは公務員らそのものだが、政府の解説書も不十分な条文を補って「広く公務遂行を担任する者を含む」とし、国務大臣、国会議員、裁判官等を例示している。審査会はその趣旨を天皇の公務にも当てはめた。

同様の判断は、その後、昭和二十五（一九五〇）年一月の「侍従職の庶務関係録の事務日誌」の記述の不開示決定について宮内庁に出された答申(注8)でも示されている。不開示とされたのは、現在の天皇が皇太子だった当時、教育係としての東宮職常時参与という職位にあった故小泉信三氏（元慶応義塾長）の氏名と職名だった。この職位が公務員の職ではないことなどから、宮内庁は一号ただし書きのいずれにも該当しない個人識別情報だと主張した。しかし、情報公開審査会は就任の経緯や職務の実態、記述にかかわる行為の公的色彩、職務を通じて残した業績、国民の関心の高さなどをもとに、ただし書きイに当たるとして開示を求めた。

## 答申の判断も揺れる

一方で情報公開審査会にも、性格の似た情報なのに一号ただし書きに該当するか否かの判断が分かれるという事態が見受けられる。審査会は委員三人ずつで構成する五つの部会が、裁判官に似て事実上それぞれ独立して、省庁からの諮問事件を審議しており、判断の揺れはときに起こる。

審査会が答申で不開示決定を取り消して開示するよう求めた主な事例を本文末の表1に、不開示決定を妥当とした主な事例を表2にそれぞれ並べた。

そのなかで、たとえば表1では中央労災医員の名簿についてその職務の重要性から、答申は公開を求めた。表にはないが、じん肺診査医の氏名、あるいは路線価の評定に携わる鑑定評価員の名簿についても同様の答申が出ている。中央労災医員は非常勤職員だが、マッカーサー総司令官との会見をもった天皇はもちろん公務員ではないし、宮内庁によれば参与も皇室から委嘱される相談役だが、審査会はいずれにも公務員に準じる職務の公的色彩に着目し、一号ただし書きイに該当するとした。

これに対し、表2の司法制度改革推進本部の十一ある検討会のうちの一つの第一回会合を記録した録音テープの件。会議に先立ち議事の公開について協議した部分の不開示の適否が争点となり、審査会は一号ただし書きイに当たらないとして不開示を支持した。その審議のなかで、発言者名の記載をめぐって検討会メンバーの位置付けも論点となった。

検討会は、本部事務局とともに司法改革に必要な法令案の立案などにあたる組織。メンバーには研究者や裁判官、弁護士ら各分野の第一人者らが委嘱された。異議申立人は、政府の意思形成に直接的に関与しているので、公務員に準じた扱いをすべきであって、一号ただし書きハにあたると主張した。これについて審査会は、検討会は事務局長の私的諮問機関であって、メンバーの委嘱に特段の発令はなく、その発言は公務員の職務遂行の内容としてではなく、有識者としての発言であるとして主張を退けた。

この件は他の検討会のものとともに訴訟となった。まず東京地裁の一審判決(注9)は、懇談会等の公開に関する閣議決定や国会答弁などをもとに、ただし書きイにあたるとして全面公開を命じた。さらに二審に持ち込まれた。

## 保護が先行、公益は置き去りがちに

「原則公開」の情報公開法では、本来、不開示情報の立証責任は行政側にある。ところが現行法の一号関係では、開示・不開示の判断を抜きに、「個人に関する情報」の認定作業が先行するため、開示による公益の存在感が一層薄れがちだ。情報公開審査会の審議もほとんどがこの流れに沿って、「個人に関する情報」の認定に始まり、続いて、ただし書きの三類型の該当性へと移り、最後に七条の公益裁量開示の可能性で締めくくるパターンとなっている。行政側はここでは、上記の宮内庁の主張のように、ただし書きの三類型のどれにも該当しないとの主張に力を注ぐことになる。逆に、情報を入手していない請求者の側が、「不開示情報」の該当性への反論と公益性の立証を強いられる。

「はじめに不開示ありき」の行政側に有利な土俵で、行司役の情報公開審査会に公開による公益へ軍配を上げさせるのは容易でない。表2に並ぶ事例が、そのことを示している。

たとえば、個々の死刑執行に関する法務大臣の命令書や検察事務官作成の執行始末書。審査会は死刑存廃の議論や執行の密室性への批判に耳を傾けながらも、遺族の権利利益を優先する形で肝心な情報の不開示を支持する。

森喜朗前首相に向けられた売春防止条例違反の検挙歴の疑惑に答える文書の存否についても、首相としての資質や適性を判断するために答えることの公益性を認めながらも、やはり「個人の権利利益の保護」に軍配を上げた。

神奈川県警の不祥事警察官に対する懲戒処分の経緯に関する警察庁と県警の間の往復文書についても審査会は、国民の側からの問題点検証の必要性よりも、元警察官や被害者の権利利益保護を前面に立てた。

表1にある国立病院の医療事故報告書については、審査会は患者・家族のプライバシーに配慮を払いつつ、不

開示情報の該当性を公益性優先の観点から積極的にチェックし、事故発生の原因や背景、事故時の対応の解明に結びつく主治医名をはじめとする情報の開示を求めるとともに、患者・家族の協力でさらなる開示をと厚生労働省や病院側に求めた。昭和天皇・マッカーサー会見録の全面公開を求めた答申なども予想外に思い切った判断だったが、こうした答申例はまだまだ数が少ない。

## 保護情報を列挙する「プライバシー型」

個人情報を保護する規定として、はじめに個人識別情報に着目するやり方は「個人識別型」と呼ばれる。国より十八年早く、一九八三年に都道府県で最初に施行された神奈川県の情報公開条例をはじめ、全国の自治体条例の大半が採用している。国は神奈川県などに追随した形だ。

これに対し、プライバシー情報そのものを具体的に規定に例示して保護を図るタイプを「プライバシー型」と呼ぶ。大阪府や京都府の条例がそれで、国内では少数派だが、米国の「情報自由法」もプライバシー型である。どのような規定なのか。たとえば大阪府の条例を見よう。

第九条　実施機関は、次の各号のいずれかに該当する情報が記録されている行政文書を公開してはならない。

一　個人の思想、宗教、身体的特徴、健康状態、家族構成、職業、学歴、出身、住所、所属団体、財産、所得等に関する情報（事業を営む個人の当該事業に関する情報を除く）であって、特定の個人が識別され得るもの（以下「個人識別情報」という）のうち、一般に他人に知られたくないと望むことが正当であると認められるもの

いわゆるプライバシー情報の類型を具体的に列挙したうえで、これに関する個人識別情報のうち、「一般に他

人に知られたくないと望むことが正当であると認められるもの」と、保護すべきプライバシー情報の性格と該当基準を端的に定義している。職員向け解釈運用基準ではさらに、該当する具体的な情報の例として、①個人の内心の秘密に関するもの②個人の心身状況に関するもの③個人の家庭状況に関するもの④個人の経歴、社会的活動に関するもの⑤個人の財産状況に関するもの、のそれぞれのジャンルごとに、たとえば「出勤簿」「法人役員等の履歴書（公職歴等を除く）」「刑罰等調書」「土地売買契約書等の金額（公表部分を除く）」などの文書例をあげている。

また同条例は、「人の生命、健康、生活又は財産を保護するため公にすることが必要であることから本号に掲げる情報に該当しないと認められるとき」と、「公益上特に必要があると認めるとき」（第一一条）には、それぞれ条文と解釈運用基準に基づき当該個人（第三者）から書面で意見を聴く手続きを踏んだうえで、全部または一部を公開することができるとの規定も置いている。

## なぜ個人識別型を採用したか

情報公開法と大阪府条例の規定を本文で見比べれば、規定を設ける趣旨からは、情報公開法のほうが不開示情報の範囲が広すぎるのは自明である。だからこそ、「例外の例外」という変則的なただし書きが必要となる。では、国はなぜ、わざわざ回り道をする規定を採用したのか。

上記の「考え方」はこう記す。

「第六第一号の規定（要綱案の該当規定＝筆者注）により開示されないことの利益は、個人の正当な権利利益であるが、その中心部分はいわゆるプライバシーである。しかしながら、プライバシーの具体的な内容は、法的にも社会通念上も必ずしも明確ではない。また、本来なら、私人が直接当該個人に対して開示を求めることができないような情報を、行政機関が保有しているとの理由のみをもって開示することは、個人情報の適正な管理の観点からも適当ではない」

つまり、個人識別型を採用した理由は、①プライバシーの具体的な内容は法的にも社会通念上も必ずしも明確ではない②行政機関が保有しているとの理由だけで開示することは個人情報の適正な管理の観点から適当でない、の二点である。

だが、第一点の理由については、「個人の正当な権利利益の中心部分はいわゆるプライバシーである」と認めながら、その具体的な内容は「法的にも社会通念上も必ずしも明確ではない」と一言で結論づけるが、明確ではないのはどの程度のことか、現にプライバシー型の採用例がすでに国内外であるのに、その採用を避けなければならないほどに不明確なのか、そうした点についてどのような調査と検討をしたのか、それらの説明が「考え方」の記述には見えない。

「考え方」は、「不開示情報の定め方」の項で「不開示情報の規定は、できるだけ明確なものとすることが望ましい」としていた。はたして、明確な規定となったのか。施行から四年を超えた。運用でこそ検証が必要である。

注1　前出『詳解　情報公開法』
注2　前出「情報公開法制の確立に関する意見」
注3　前出「平成十五年度の情報公開法の施行状況の調査結果」
注4　北沢義博・三宅弘『情報公開法解説』、三省堂、一九九九年、七八～七九ページ
注5　答申番号・平成十四年度181
注6　旧憲法下で、天皇のなすべき行為について大臣らが進言などをし、その責任を負うこと

注7　十四年度187

注8　十五年度（行情）188

注9　二〇〇三年十二月十二日東京地裁判決＝平成十四年（行ウ）第二九八号、第三六二〜三六五号、公文書非開示決定取消請求。裁判所ホームページ http://www.courts.go.jp/index.htm の下級審主要判決情報

## 表1　情報公開審査会が開示を求めた「個人に関する情報」の事例

| 分野 | 請求先 | 請求文書・情報 | 答申の主な判断理由＝答申番号（年度は平成） |
|---|---|---|---|
| 公務 | 外務省 | 昭和天皇・マッカーサー総司令官の第一回会見録 | 会談は公務員の行動に準ずるもので、歴史的重要性から国民的な関心が高く、総司令官も回想記に記述を残すなど、公にすることが予定されている情報にあたる＝十四年度　１８１ |
| 公務 | 宮内庁 | 幣原平和文庫の所蔵資料「第三回の会見録」を複写したマイクロフィルム資料 | 原本は国立国会図書館憲政資料室で研究・調査のためにだれにも閲覧・コピーができる＝十四年度　１８７ |
| 公務 | 宮内庁 | 侍従職の庶務関係録の事務日誌（昭和二十五年一月）に記された要職人物の氏名と職位（小泉信三・東宮職常時参与） | 就任の経緯や職務の実態、記述にかかわる行為の公的色彩、職務を通じた業績、国民の関心の高さから、公にすることが予定されている情報にあたる＝十五年度（行情）　１８８ |
| 公務 | お茶の水女子大 | 学内ウエブページに関する広報委員会、ホームページ運営委員会それぞれの議事録と企業への回答文書の記載のうち、企業の担当者名を除くすべて | 研究室の発信情報に対し外部からなされた抗議に対処するため、研究室責任者が広報委員会に出席したこと、企業への回答文書における所属部局名などの記載は、職務遂行の内容にかかるもの。責任者の氏名は研究室ウェブページに明記しており、慣行として公にされている情報である＝十五年度（行情）　１３４ |
| 公務 | 厚生労働省 | 中央労災医員（非常勤職員）名簿のうち、氏名、当初委嘱年月日、現職、出身大学、医師免許取得年月日、専門の記載部分（生年月日や住所、電話番号などを除く） | 職務と地位の重要性、労災保険行政の透明性の確保の観点から、氏名などを秘匿することは許されず、各種審議会の委員、大臣や局長の私的懇談会などの構成員と同様、国民への説明責任を果たすうえでも求められている。職務と直接関係のない情報を除き、「法令の規定により又は慣行として公にすることが予定されている情報」にあたる＝十三年度　１２９ |
| 事故報告 | 厚生労働省 | 国立病院、国立療養所、国立高度専門医療センターにおける医療事故の報告書（二〇〇〇年度）で不開示とされた情報のうち、事故名、発生日時・場所、主治医の氏名、医療事故防止対策委員会の議事録、警察への届け出日・事情聴取の日時、謝罪文などの記載から患者の氏名や身体状況、病状などに関する情報を除いた部分 | 法六条は、特定個人を識別できる情報を除いた部分の開示を求めているが、識別できるかどうかの判断は、事故のあった病院の医療関係者と警察関係者、患者・近親者とを除いた「一般人」からみて、通常入手できる情報と照合することにより識別できるかどうかで判断すべきだ。近隣住民も、特別な事情によって新たに公にされる情報に基づいて相当広範囲な地域住民が特定個人を識別できることとなる場合でなければ、上記の関係者に含めるべきである＝十三年度　１１１～３ |
| 処分 | 厚生労働省 | 柔道整復師に対する行政処分の命令書の記載のうち、不開示とされた住所、氏名、生年月日（一九九四、九九、二〇〇〇年度） | 処分は公表されてこなかったが、同様の職種の医師などの行政処分が記者発表されていることとは著しく公平性を欠き、氏名などを秘匿する合理的根拠は認められず、「慣行として公にすることが予定されている情報」にあたる。ただし、業務停止期間は最長五年なので、これを過ぎた九四年度分の不開示は妥当＝十三年度　１５６ |

| | | | |
|---|---|---|---|
| 処分 | 法務省 | 福岡拘置所で被告が服薬自殺した件の職員に対する処分記録「職員功過簿」について、不開示とされた記載のうち、「官職」と「功過事項」の各欄 | 職員の氏名は財務省の職員録に載せておらず不開示情報にあたるが、官職は複数の者にあてられ、個人識別情報に該当せず、公にしても権利利益が害されるおそれはない。功過事項欄にある処分対象の非違行為の概略はすでに開示され、要注意検査の期間や回数、服薬の時刻などは機微にわたる情報とは認められない＝十五年度（行情）７４５ |
| 判決 | 法務省 | 「日米相互防衛援助協定等に伴う秘密保護法案（昭和二十九法律一六六号）の行政文書ファイルに含まれる参考判決集（法務省刑事局）」について不開示とされた部分のうち、１被告人の職業、学歴、経歴と勤務先の名称、所在地２事件関係者の勤務先３事件に関する地名４裁判官、書記官、検察官の氏名と弁護人の氏名 | 被告人の職業などや事件に関する地名はそれ自体で被告人を特定できず、判決のいずれも一九四五年以前のものであって、これらの情報と通常入手し得る他の情報との照合によって被告人が特定される可能性が高まるとは認め難い。被告人の氏名等については、判例集や最高裁のホームページに掲載されていても、その公表の趣旨・目的は情報公開制度のそれと異なり、記載されていることがただちに裁判書一般について公表慣行の認定基準となるものではない＝十四年度　１１０ |

## 表２　情報公開審査会が不開示を妥当とした「個人に関する情報」の事例

| 分野 | 請求先 | 請求文書・情報 | 答申の主な判断理由＝答申番号 |
|---|---|---|---|
| 公務 | 司法制度改革推進本部 | 司法制度改革推進本部・法曹養成検討会（第一回）の模様を記録した録音テープのうち、議事の公開を協議した部分 | 協議は議論の内容を外部に伝達するルールづくりのためのもの。報道機関の傍聴を伴わず、議事録でも明らかにされていないので、公にすることが予定されている情報に当たらない。検討会は法令上の根拠のない私的諮問機関で、メンバーの委嘱に発令行為はなく、有識者の発言は公務員の職務遂行に当たらない＝十四年度（行情）４５３ |
| 履歴 | 文部科学省 | 特定の財団法人が特定の四人の理事就任を文部科学大臣に届け出たときに添付したそれぞれの経歴書 | 公益法人の役員であっても、詳細な学歴、職歴などの履歴情報は、慣行として公にされ、または公にすることが予定されているものと認められない。名指しの開示請求なので部分開示もできない＝十五年度（行情）４４０ |
| 処分 | 国税庁 | 二〇〇〇年度の名古屋国税局長による懲戒処分の処分説明書について不開示とされた記載のうち、処分の発令日や効力発生日と「処分の理由」欄の「非違行為で取得した金額にかかる内容」など | 発令日や非違行為に関係する場所などを開示すると、同僚や知人らが被処分者の特定が可能となって、処分内容や非違に関する事実が明らかになり、また、非違行為の具体的内容が一般に明らかになって、被処分者の権利利益が害されるおそれがある＝十五年度（行情）０３０ |

| | | | |
|---|---|---|---|
| 事件報告 | 法務省 | 福岡拘置所で特定日に死亡した者の「死亡帳」について不開示とされた記載のうち、病名や死因、死亡を確認した医師名、変死者死体検視の年月日時、備考欄など | 死亡年月日、拘置所名を特定した開示請求で、死因や検視年月日、変死の関連情報などが知人らに知られると、受刑者の権利利益を害するおそれがある。医師名は市販の職員録にあるが、開示すると関係者らから不当な中傷や圧力を受ける可能性があり、慣行として公にされ、または公にすることが予定されている情報といえない＝十五年度（行情）６２０ |
| 犯歴・前歴 | 警察庁 | 対象文書の存否を答えずに不開示とされた「森前首相の前科・前歴記録、その内容を記した行政文書」 | 個人の名誉や信用に直接かかわる情報で、どんな立場の者でも公開する法令の規定、慣行はない。当時は首相、国会議員で、自身が国会で犯歴を否定しているなどから、資質や適性を判断するうえで公開の公益性が認められるが、みだりに公開されない保護利益より低い＝十三年度０１２ |
| 犯歴・前歴 | 警察庁 | 窃盗などの不祥事を起こした元相模原南署巡査長に対する懲戒処分の経緯などにかかる警察庁と神奈川県警との間の文書 | 特定の公務員が懲戒処分に付された事実は、その資質、名誉にかかわる情報で、他人に知られたくないものだ。被処分者の氏名が一時的に公表されても、その後、相当の時間が経過した時点にまで公にする慣行などはない。被害者についても個人識別情報を除いても権利利益を害するおそれがある＝十五年度（行情）００３ |
| 犯歴・前歴 | 検察庁 | 最高検が再審で無罪が言い渡され確定した事件を取り上げ、捜査と公判の経緯に即して問題点について検討した結果を記した「再審無罪事件検討結果報告」 | 再審で無罪の判決を受けたことが刑訴法の規定で官報、新聞に掲載されたことをもって、再審無罪被告人に関する情報が法令の規定により公にされているとは言えない。経過や原因を検討して今後同様の事態が生じないようにすることに公益性があるが、公判不提出記録の内容をも勘案しながら検察官の立場から具体的、詳細な検討がされている記載を公にすれば、個人の権利利益が害されるおそれは高い＝十五年度（行情）５０２ |
| 刑の執行 | 法務省 | 一九九三年～二〇〇〇年に執行された個々の死刑に関する法務大臣の命令書、検察事務官が作成した執行始末書について不開示とされた記載のうち、死刑確定者・被執行者の氏名など、判決の言い渡し裁判所名、執行経過など | 個人の名誉や信用に直接かかわる死刑判決その他の有罪の裁判を受けたという事実が、いかなる場面・時点でも公表されるべきものとはいえない。判決言い渡しの裁判所名は被執行者の特定につながる。国民が死刑制度の存廃や新たな制度の導入について十分な議論を行うために、遺族の権利利益を犠牲にしてまで開示の必要性を認めることは困難だ＝十三年度０８３～０９２ |
| 名簿 | 厚生労働省 | 朝鮮半島出身の旧軍人・軍属の包括的な名簿とその他参考資料 | 公にすべきとする法令の規定も、一般に認められた慣行もない。一九九〇年までは靖国神社、戦友会幹事らに一部を閲覧などさせていたが、復員業務、消息調査などのためだった。その後は本人・遺族ら以外に認めないこととしており、慣行として公にされ、または公にすることが予定されている情報と認められない。「華人労務者就労事情調査報告書」（昭和二十一年外務省作成）が公開されたとしても、対象は異なる＝十五年度（行情）４４９ |

# 第五章　部分開示は行政側にゆだねてよいか

## 足元を揺さぶった最高裁判決

最高裁第三小法廷は二〇〇一年三月、大阪府知事の交際費をめぐる裁判で、幅広い開示を命じた大阪高裁判決を覆し、開示を狭める判決[注1]を出した。この判決が、直後の同年四月に施行された国の情報公開制度を揺さぶり、余震が長らく続くこととなった。判決変更の理由の一つとして最高裁は、大阪府情報公開条例[注2]の部分開示の義務規定について、開示の線引きに行政側の裁量を大きく認める独自の解釈を示し、しかも、判決の論拠に、まだ施行もされていない情報公開法の規定の解釈を据えたからだ。

最高裁の解釈の骨子は、開示を求められた文書のなかに規定による不開示情報が含まれているような場合には、その情報にかかわるひとまとまりの「独立した一体的な情報」（以下、「独立一体的情報」という）を丸ごと不開示とすることとし、これに対しては、それ以上の部分的開示請求権は住民らにはなく、裁判所が不開示処分の取り消しを命じることはできない、というものだ。大阪高裁の判決[注3]は病気見舞いや香典などに含まれる個人情報の部分を除き、支出日などの情報の不開示は違法、としたが、最高裁はこの取り消しを認めなかった。

## 自治体二十年の運用実績を否定

国より二十年近くも早く情報公開条例・要綱を先行させた地方自治体では、不開示情報を除いて残る情報は開示する部分開示が一般的に広く行われてきた。最高裁はそのことを判決のなかで認めながらも、それは住民らに与えられた権利ではなく、行政側の裁量の内でなされたものにすぎない、としたのである。知りたい情報が不開示とされるだけでなく、不開示情報にあたらない関連情報まで開示・不開示は行政側のさじ加減で決まるというのでは、住民ら請求者側にとって問題は大きい。

最高裁が論拠とした情報公開法の規定を見てみよう。

（部分開示）

第六条　行政機関の長は、開示請求に係る行政文書の一部に不開示情報が記録されている場合において、不開示情報が記録されている部分を容易に区分して除くことができるときは、開示請求者に対し、当該部分を除いた部分につき開示しなければならない。ただし、当該部分を除いた部分に有意の情報が記録されていないと認められるときは、この限りでない。

2　開示請求に係る行政文書に前条第一号の情報（特定の個人を識別することができるものに限る）が記録されている場合において、当該情報のうち、氏名、生年月日その他の特定の個人を識別することができることとなる記述等の部分を除くことにより、公にしても、個人の権利利益が害されるおそれがないと認められるときは、当該部分を除いた部分は、同号の情報に含まれないものとみなして、前項の規定を適用する。

2項に登場する個人識別情報に関する五条一号は、前章で取り上げた。大阪府が不開示処分をおこなった当時の条例の関係規定も次に掲げる。

（公開してはならない公文書）

第九条　実施機関は、次の各号のいずれかに該当する情報が記録されている公文書については、公文書の公開をしてはならない。

（一）個人の思想、宗教、身体的特徴、健康状態、家族構成、職業、学歴、出身、住所、所属団体、財産、所得等に関する情報（事業を営む個人の当該事業に関する情報を除く）であって、特定の個人が識別され得るもの

のうち、一般に他人に知られたくないと望むことが正当であると認められるもの

＝二、三号は省略

（公文書の部分公開）

第一〇条　実施機関は、公文書に次に掲げる情報が記録されている部分がある場合において、その部分を容易に、かつ、公文書の公開の請求の趣旨を損なわない程度に分離できるときは、その部分を除いて、当該公文書の公開をしなければならない。

（一）第八条各号のいずれかに該当する情報で、当該情報が記録されていることによりその記録されている公文書について公文書の公開をしないこととされるもの

（二）前条各号のいずれかに該当する情報

この一〇条に登場している八条各号に該当する情報とは、法人情報や行政機関の事務・事業情報などの「公開しないことができる公文書」の六類型を示した規定である。

## 条文の文言から導く反対解釈

法と条例どちらの規定も、素直に読むと、不開示情報を除いた部分はすべて開示する「部分開示」を義務づけているようにとれる。だが、最高裁の読み方は異なる。上記判決は四人の裁判官全員一致で、これに付された元原利文裁判官の補足意見がその読み方を解説している。かいつまんで紹介すると以下の通りである。

《条例一〇条の規定は、一個の公文書を、八、九条各号いずれかの該当情報が記録されている「非公開事由該当部分」とそれ以外の部分とに分離したうえ、非公開事由該当部分の全体を非公開とし、それ以外の部分を公開

すべきことを定めたにすぎず、非公開事由該当部分をさらに細分化して部分公開の対象とすべきことまでは定めていない。たとえば知事の交際事務に関する文書では、その情報はふつう、相手の氏名などの「相手方識別部分」とその余りの部分（年月日、金額、支出原因など）とからなる。相手方識別部分だけを他の情報と切り離すと、それ自体は情報として意味がなくなり、余りの部分を合わせて初めて知事の交際事務に関する情報として意味のあるものとなり、その全体が、相手が識別できる交際事務に関する情報として条例八条四号、五号、九条一号に該当することになる。金額部分についても同様だ。したがって、一〇条に基づく部分公開は、余りの部分をも含めた全体を非公開とし、それ以外の部分だけを公開すべきだということになる。

情報公開法六条は、1項で条例一〇条とほぼ同趣旨の部分開示に関する原則規定を置いているが、2項でとくに五条1項の個人識別情報だけを取り出し、これに限って、部分開示の一態様として、特定の個人を識別することができることとなる記述等の部分（個人識別部分）のみを非開示とし、その余りの部分を開示するという開示方法を定めている。1項にいう「部分」は一個の行政文書の部分を意味し、2項にいう「部分」は一個の行政文書に含まれる情報の部分を意味することは、その文理から明らかだ。また2項は、個人識別部分を除いた部分は五条一号の情報に含まれないものと「みなして」1項の規定を適用すると定めていることからすると、同法は、五条一号の個人識別情報は、個人識別部分に限らず、これを除いた余りの部分も同号に該当すると考えている。すなわち、同法は、個人識別情報については、六条1項のみでは個人識別部分だけを除くという態様の部分開示を義務付けることができないとして、とくに2項の規定を設けて法的根拠を与えたものだ。

このような情報公開法の規定をみれば、六条2項に相当する定めのない大阪府条例一〇条の解釈としては、個人識別部分ないし相手方識別部分のみを非公開とし、その余りを公開する態様の部分公開をすべき旨を実施機関に義務付けているとまでは解されない》

この判決は「本件は、当時の条例の解釈に基づき実施機関がした処分の効力につき、第一次上告審の判示に従って判断した原判決についての再上告であるとの制約がある」と付言している。しかし、その制約は大阪府条例の解釈にあてはまるものであっても、条例とは離れた情報公開法の規定についての解釈は生き続けることになる。

## 判決に便乗する行政機関

部分開示の範囲に行政機関の裁量を認める最高裁判決を、当の行政機関が見過ごすわけがない。経済産業省資源エネルギー庁が作成した資料「原子力発電の経済性試算における設定単価の根拠（核燃料サイクル関連）」の一部開示決定に対する異議申し立てに、同庁が情報公開審査会の場で示した対応はその典型例だ。

推進派と反対派の間で開きの大きい原発のコスト計算。朝日新聞記者は不透明な国側の試算の根拠を知りたくて、情報公開法の施行と同時に上記資料の公開を求めた。だが、資源エネルギー庁は設定単価などの数字だけでなく、さまざまな費用のもとになる内訳の項目名や、試算の比較に使った業界団体の名前なども軒並み墨塗りにして部分開示した（図1）。記者の異議申し立てを受けた同庁は審査会に諮問した。その審議のなかで提出した不開示の理由説明書で援用したのが最高裁判決だった。

理由説明書は、「独立一体的情報」説をＡ４で九枚にわたって解説している。出した結論は次のようなものだった。

「以上を踏まえて、本件行政文書に含まれる情報を検討すれば、少なくとも、それぞれの見出し、段落、表（注記類を含む）毎にそれらが二つ以上に分かれると考えることは適切ではない。本件行政文書のうち既に開示した部分は、こうした情報をさらに細分化して可能な限りの開示を行ったものであるが、これ以上の開示は個々の情報をさらに細分化して開示することであるため情報公開法の予定したところであるとはいえず、更なる細分化を行政機関に求めることが行政不服審査法四七条3項に規定する『処分（事実行為を除く）についての異議申立てが理由があるとき』であるとは考えられない」

要するに、部分開示をこれ以上は進める考えがないし、それを求める権利も開示請求者らにはないとし、その理論付けに最高裁判決を援用したのである。

## 審査会が最高裁判決に反撃

だが、情報公開審査会は結論として答申で[注4]「独立一体的情報」説と同庁の主張を退け、「高レベル放射性廃棄物の貯蔵費用」や燃料の「過去の取引実績期間」などについて「公にしない理由は乏しい」として開示を求めた。さらに答申は、「不開示情報の独立一体性の範囲について」と題した1項目を特別に設け、そのなかで最高裁判決を間接的に以下のように批判した。

「諮問庁（資源エネルギー庁長官＝筆者注）は、法五条各号の不開示情報該当性判断の前提として、独立した一体的な情報を対象として不開示情報該当性を判断すべきであり、これを更に細分化して裁量により開示を行ったものについて、これ以上細分化することは法の予定していないところである旨主張しているので、この点について、検討する。

情報とは、ある事柄についての知らせを意味するものであり、社会通念上意味を有するひとまとまりの大きさを有していると考えられる。また、このひとまとまりの大きさについては、重層的な捉え方が可能である場合が多い。

本件対象文書に記載されている情報についてみても、例えば、原子力発電の経済性試算、工程別費用、内訳項目（又はその細目）、費用、算出条件というように重層的に捉えることができる。

不開示情報についても、重層的な捉え方が可能である場合には、不開示とする合理的な理由のない情報は開示するとする法の定める開示請求権制度の趣旨に照らし、開示することが適当でないと認められるひとまとまりをもって、その範囲を画することが適当である。

特定の個人を識別することができる情報については、法六条2項により、個人識別性のある部分以外の部分に

図1　資源エネルギー庁の作成資料「原子力発電の経済性試算における設定単価の根拠」は部分開示されたが、単価をはじめ高レベル放射性廃棄物の貯蔵費用の内訳など肝心な情報は軒並み黒塗りだった。

（5）キャスク費
[redacted]円／基×[redacted]基／[redacted]トンU／[redacted]＝[redacted]円／トンU

[redacted]

（1）使用済燃料構内輸送費用の算出根拠
[redacted]トンU
[redacted]円
使用済燃料構内輸送の単価 [redacted]円／トンU

（2）使用済燃料構外輸送費用の算出根拠
[redacted]トンU
[redacted]

| 項目 | 料金 |
|---|---|
| 固定料金 | [redacted]円 |
| 輸送容器料金 | [redacted]円 |
| 変動料金 | [redacted]円 |
| 合計 | [redacted]円 |

使用済燃料構外輸送の単価 [redacted]円／トンU

（[redacted]と[redacted]との差異について）
・[redacted]に関する費用算定方法の違い
[redacted]では、輸送船の[redacted]を算出しているが、[redacted]と想定し費用を算出。
・会社運営費等のコストに関する費用算定方法の違い
[redacted]

○高レベル放射性廃棄物貯蔵

・４０年間貯蔵した場合の貯蔵費用総額は約18,400億円
・燃焼度４５，０００MWD／ｔの使用済燃料８００ｔから、１，０００本のガラス固化体が発生すると仮定。
・再処理トンU当たり：18,400億円／40,000本×1,000本／800トンU
＝ 5,800万円／トンU

（高レベル放射性廃棄物（ガラス固化体）本数）

| | |
|---|---|
| 海外再処理分 | 3,500本 |
| 日本原燃分 | 36,500本 |
| 合計 | 40,000本 |

（高レベル放射性廃棄物貯蔵費用の内訳[redacted]）

| 項目 | 費用 |
|---|---|
| 設備費 | [redacted]円 |
| 修繕費 | [redacted]円 |
| 租税利子 | [redacted]円 |
| 人件費 | [redacted]円 |
| 諸経費等 | [redacted]円 |
| 搬出費用等 | [redacted]円 |
| 合計 | [redacted]円 |

注１）貯蔵施設の仕様は、日本原燃㈱高レベル放射性廃棄物貯蔵管理センター（1,440本分）に準じる。
注２）４０年間の貯蔵を想定。

図２　情報公開審査会の答申によって、輸送料金の内訳の費目や何を比較したかなどの情報、貯蔵費用の内訳数字などが新たに開示された。最初の公開資料(図１)と比べると、不開示へと傾きがちな行政側の姿勢が読みとれる。

（５）キャスク費
[redacted]円／基×[redacted]基／[redacted]トンU／＝[redacted]円／トンU

（電力案）
（１）使用済燃料構内輸送費用の算出根拠
平成１０年度までの搬出量　：[redacted]トンU
平成１０年度までの総支払額：[redacted]円
使用済燃料構内輸送の単価　：[redacted]円／トンU

（２）使用済燃料構外輸送費用の算出根拠
平成１７年度までの搬出量　：[redacted]トンU
平成１７年度までの輸送料金

| 項目 | 料金 |
|---|---|
| 固定料金（船舶等資本費、管理費） | [redacted]円 |
| 輸送容器料金（資本費、保守費） | 円 |
| 変動料金（航海費、陸上輸送費） | 円 |
| 合計 | 円 |

使用済燃料構外輸送の単価　：[redacted]円／トンU

（電力案と原子力部会報告との差異について）
・　固定料金（船舶費等）に関する費用算定方法の違い
原子力部会報告試算では、輸送船の年間稼働日数[redacted]日のうち、停泊日数と航海日数の[redacted]日分の損料を算出しているが、電力では、専用船のため、全損と想定し費用を算出。
・　会社運営費等のコストに関する費用算定方法の違い
原子力部会報告試算では、会社運営費等のコストを含んでいない。

○高レベル放射性廃棄物貯蔵

・４０年間貯蔵した場合の貯蔵費用総額は約 18,400 億円
・燃焼度４５，０００MWD／tの使用済燃料８００tから、１，０００本のガラス固化体が発生すると仮定。
・再処理トンU当たり：18,400 億円／40,000 本×1,000 本／800 トンU
＝ 5,800 万円／トンU

（高レベル放射性廃棄物（ガラス固化体）本数）
海外再処理分　3,500 本
日本原燃分　36,500 本
合計　40,000 本

（高レベル放射性廃棄物貯蔵費用の内訳（試算値））

| 項目 | 費用 |
|---|---|
| 設備費 | 5,110 億円 |
| 修繕費 | 3,860 億円 |
| 租税利子 | 3,630 億円 |
| 人件費 | 450 億円 |
| 諸経費等 | 1,020 億円 |
| 搬出費用等 | 4,330 億円 |
| 合計 | 18,400 億円 |

注１）貯蔵施設の仕様は、日本原燃㈱高レベル放射性廃棄物貯蔵管理センター（1,440 本分）に準じる。
注２）４０年間の貯蔵を想定。

ついて、公にしても当該個人の権利利益を害するおそれがないと認められるときは、当該部分を開示すべきとし、不開示情報を更に細分化して開示することとされているが、その他の不開示情報については、不開示情報を更に細分化して開示するという規定は設けられていない。これは、特定の個人を識別することができる情報については、その全体を一律に不開示とすると個人の権利利益の保護の必要性を越えて不開示の範囲が広くなりすぎるお

それがあること、及びその他の不開示情報にあっては、重層的な捉え方が可能な情報に対して一定の利益を保護するために開示することが適当でないと認められるひとまとまり、すなわち、法五条各号の不開示事由とされている『おそれ』等を生じさせる原因となる情報の範囲で捉えれば、不開示の範囲が不必要に広くなりすぎるおそれがないことによる。

したがって、不開示情報該当性判断の前提として、独立した一体的な情報を単位に捉えるとしても、特定の個人を識別することができる情報以外の不開示情報にあっては、その範囲は、重層的な各階層で捉えていった結果、最終的には不開示事由たる『おそれ』等を生じさせる原因となる情報の範囲となるべきものである」

資源エネルギー庁は答申に従って決定を変更し、不開示情報の多くを公開した（図2）。

外務省も「独立一体的情報」説を持ち込んだ。事務費などにあてる渡切費に関する特定の大使館の出納簿を公開請求され、館用車の関係分については、「公にすると館用車を狙った犯罪を誘発するなどのおそれがあり、情報公開法五条四号にあたる」として不開示とした。審査会への理由説明で「当該部分は、館用車の修理等に当たってなされた支出に関する情報であって、一つ一つの支出ごとに、独立した一体的な情報である単位に沿って、不開示とすべき範囲を確定したものである」と主張し、部分開示の義務を否定した。これに対し審査会は答申(注5)で、開示先の資源エネルギー庁あて答申を参照するよう示して外務省の主張を退け、車両番号のほかは修理代や定期点検代、保険料などの費目、支出年月日、支出額などすべての記載を公開するよう求めた。

公安調査庁も「無差別大量殺人行為を行った団体の規制に関する法律五条2項及び3項に基づき公安調査庁が取得した一切の行政文書」の不開示決定について、審査会への理由説明で最高裁判決を借用し、「個々の不開示情報をさらに分割してその一部を開示する義務はない」と主張した。これに対し答申(注6)は、結論として不開示を認めたものの、同庁の主張は採用せず、開示すべき情報の有無を個々に検討した。

## そもそも立法趣旨は

約二十年にわたる地方自治体などの制度運用のありようと最高裁判決との間に大きな落差があるのはなぜなのか。そもそも情報公開法の部分開示の制定趣旨はどうだったのか。法文の言葉や文章の解釈に重きを置いた最高裁の文理解釈が、その趣旨と果たして合致しているのかどうか。

法案のたたき台となった行政改革委員会の「情報公開法要綱案」(注7)では、法六条1項にあたる案文は「第五　行政機関の開示義務」の2項に一般原則として記され、法六条2項にあたる案文は「第六　不開示情報」の（一）「個人に関する情報」についての本文に続くただし書きの一つに加えられている。それぞれの趣旨は「要綱案の考え方」で述べられているが、義務的開示の範囲の具体的な定め方までは説明していない。

しかし、要綱案を受けて法制化にあたった政府の「法案立案時の説明資料の要旨」(注8)では、六条1項の立法趣旨について、2項の規定と対比して次のように説明されている。

「その他の不開示情報については、法第五条各号に規定される『おそれ』を生じさせる原因となる情報（重層的に把握される場合にあっては、最小単位のもの）が不開示情報の単位であり、不開示情報の一部分の開示という特別の制度は設けられていない。それは、不開示情報の合理的な解釈として、重層的に把握可能な情報の細目的事項の水準で不開示情報を把握すれば、それが一般に、利益保護に必要な範囲であり、不開示範囲が不必要に広くなりすぎるおそれがないからである」

## 相次ぐ最高裁判決への批判

行政改革委員会の行政情報公開部会で要綱案づくりに加わった藤原静雄・筑波大大学院教授は、こうした立法趣旨を踏まえ、「個人識別情報以外の不開示情報については、不利益、支障の生ずるおそれの判断で不開示情報としての単位を画することができるので、単位の細分化の問題が生じない。（中略）それゆえ、第六条2項のような部分開示の規定を置く必要がなかった」と言い切り、判決の考えは立案の趣旨と異なると断じている。(注9) 言い換えれば、要綱案に沿った規定の構成で立法すれば、最高裁判決のような反対解釈は生じにくかったということか。藤原教授はまた、最高裁判決について「一個の情報（交際費情報）は複数の構成要素（出席者氏名、肩書、開催目的、開催日時・場所、討議の内容、金額等）の組み合わせ次第で、多様な社会的意味を持ち、説明責務の全うに役立つと思われるところ、独立した『一体的な情報』という集合的な情報の捉え方は、情報の多様な評価の可能性を閉ざしてしまう」と批判を加えている。

情報公開の裁判を多く手がける三宅弘弁護士（独協大法科大学院教授）は、日本の自治体の情報公開条例の部分公開義務規定の源流を、米国議会が一九七四年、連邦最高裁が部分公開を認めなかった事件をきっかけに情報自由法を改正した歴史に求め、大阪府条例についても制定過程の審議記録を検証して、そこからは「独立一体的情報」説が導かれようもないと、最高裁判決を批判

図３　最高裁が公開した長官交際費の会計書類の一枚「立替払請求書」。寸志を渡した相手の名前と事務処理をした職員の印影のほかは、費目、金額、年月日などすべて公開された。細分化による部分公開だ。最高裁判決の「独立一体的情報」説に従えば、全部が黒塗りとなる。

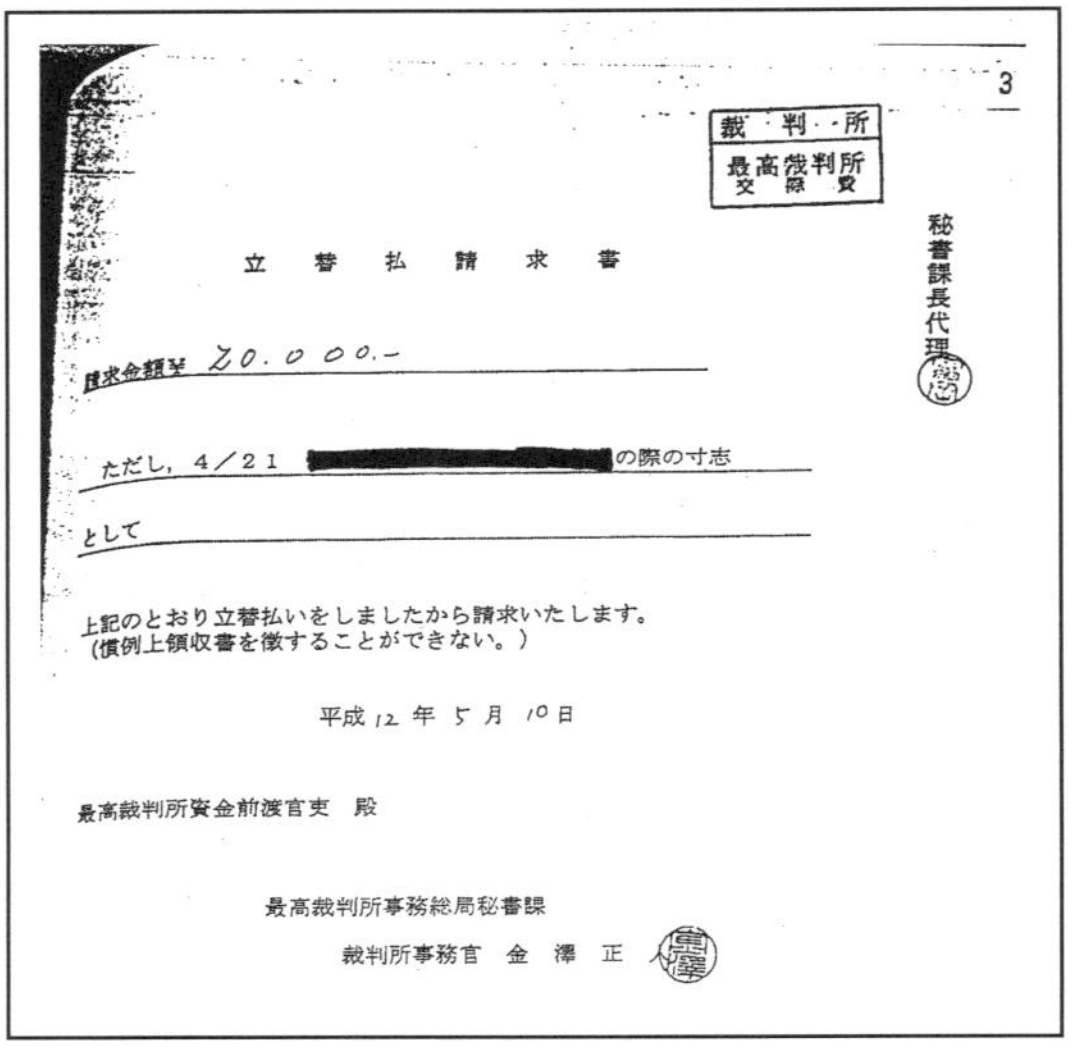
3

裁判所
最高裁判所
交際費

秘書課長代理

立替払請求書

請求金額￥20.000.-

ただし，4／21 [redacted] の際の寸志

として

上記のとおり立替払いをしましたから請求いたします。
（慣例上領収書を徴することができない。）

平成12年5月10日

最高裁判所資金前渡官吏　殿

最高裁判所事務総局秘書課
裁判所事務官　金澤正

している。(注10)

また、三宅弁護士はその批判のなかで、最高裁が裁判所の情報公開制度にもとづき、長官交際費の関係書類について相手方の氏名だけを除いて部分開示した例を紹介し、『独立一体的情報』説によれば、これが全面墨塗りとなるが、最高裁自身がこの説を採っていない」と皮肉っている。これは市民団体・情報公開クリアリングハウスの三木由希子室長が公開請求したもので、たとえば公開文書の一つで、餞別か何かの「寸志」に関する会計文書「立替払請求書」では、相手の名前のほかは金額、日付をはじめ、すべて公開している（図3）。裁判所の情報公開制度は通達などによるもの(注11)だが、情報公開法の趣旨を踏まえて同法の基本条項に準じた事務取扱要項を定め、同法施行と同時に実施されている。

## 下級裁判所からも「反旗」

当の裁判所の内部からも、最高裁判決の「独立一体的情報」説に反旗を翻す下級審の判決が出ている。国土交通省中部運輸局が自動車に関する消費者からの苦情情報を一部不開示としたことの違法性をめぐる裁判である。名古屋地裁の一審で、運輸局側は「独立一体的情報」説を展開して、「申告情報、対応情報、調査情報を単位として判断されるべきものであり、個々の記述ないし個々の黒塗り部分について判断すべきものではないから、後者についての不開示事由を主張立証する予定はない」としてさらなる部分開示の義務を否定した。しかし、同地裁は判決(注12)で次のように述べて決定を違法とした。

「何らかの意味のある内容を看取できる限り、それぞれが独立した情報となり得るというべきところ、被告の主張する申告情報を例にとれば、同情報は、問題となった車両を取得した事実、その車両について事故あるいは不具合が発生した具体的事実、申告者が修繕等の措置を採った事実、製造事業者、販売事業者、修理事業者らとの交渉の過程、中部運輸局への要請の事実、中部運輸局の担当者が採った措置内容など、一定の幅を持った時的経過の中で断続的に生起し、それぞれ独立した社会的意義を有する社会事象、生活事象を記述した内容から構成されているから、これらがまとまらなければ『有意』でないといえないことは明らかである（被告の主張する対応情報、調査情報についても同様である）。

また、仮に被告主張のように、まとまった全体が一個の情報の範囲に含まれると解する見解によれば、その一部に不開示事由が認められるにすぎない場合であっても、全体に不開示事由が及ぶこととなって、情報公開法の目的、趣旨に沿わないと考えられる」

名古屋高裁の控訴審判決[注13]も「有意性が否定されていない当該一部分について、それが『一個の情報』ではないといった形式的な根拠から部分開示情報に当たらないと解釈することは、必要以上に部分開示情報の範囲を限定するもので、情報公開法の趣旨、目的と整合せず、採用することができない」などとして一審判決を支持した。

一方で、最高裁判決にならって「独立一体的情報」説を踏襲する判決も出されている。「仙台高検における調査活動費の支出に関する文書」の不開示処分の取り消しを求める裁判で、原告の請求を棄却した仙台地裁の判決[注14]はその一つだ。

最高裁判決の影響力は大きく、判断の揺れはいつ収まるのか。

## 義務か裁量か、解説書もあいまい

一方、行政機関が法の解釈・運用の指針としている政府の解説書、『詳解　情報公開法』も、立案の趣旨をどう反映させたのか、あいまいさを残している。同書は、具体的な範囲の定め方について「方法の選択は、不開示情報を開示した結果とならない範囲内において、当該方法を講ずることの容易さ等を考慮して判断することとなる。その結果、観念的にはひとまとまりの不開示情報を構成する一部が開示されることになるとしても、実質的に不開示情報が開示されたと認められないのであれば、行政機関の長の不開示義務に反するものではない」とする。義務的開示の方法として例示する「ひとまとまりの不開示情報を構成する一部が開示されることになる」ような範囲の定め方は、最高裁判決のいうところの、住民らの開示請求権の及ばない行政機関の裁量の内といえるのかどうか。

だが、その前置きとして「具体的な記述をどのように削除するかについては、行政機関の長の本法の目的に沿った合目的的な裁量に委ねられている」とする。また、別の個所では、第2項との対比で「第1項の規定は、行政文書に記録されている情報のうち、不開示情報ではない情報の記載部分の開示義務を規定しているが、ひとまとまりの不開示情報のうちの一部を削除した残りの部分を開示することの根拠条項とはならない」とも述べる。

部分開示は義務だが、その範囲を具体的にどう定めるかは裁量といい、また、1項の規定は政府の説明責任（一条）と原則公開（五条本文）の趣旨を生かす規定であるのに、ひとまとまりの不開示情報のうちの一部を削除した残りの部分を開示することの根拠条項とはならないという。この説明はわかりにくく、ちぐはぐな印象はぬぐえない。

## 「容易に」はだれが判定するのか

部分開示の規定1項の条文には、その範囲の定め方のほかに、判定基準のきわめてあいまいなキーワードが二つある。

一つは「容易に区分して除くことができるときは」の「容易に」だ。程度、度合いを表す言葉であるだけに、その明確な判定基準がなければ、「不開示情報が記録されている部分」を区分して除くことが「容易に」できるかどうかは、だれが判断するかによって決まってしまう。

しかし、だれが判断するかについては、条文も政府の解説書も明記していない。規定の主語は「行政機関の長」だが、これを受ける述語は「開示しなければならない」だ。「容易に区分して除くことができる」にもかかると読めないこともないが、開示請求権と開示義務とが相対する法律だから、一般常識を基準としていると解釈するのが妥当なのか。

その運用の実際は情報公開審査会の答申でうかがい知ることができる。

たとえば、「特定の農薬の登録時に提出された資料のうち毒性に関する部分」の一部不開示決定のうち「試験成績報告書」について、答申[注15]は「試験データを中心に詳細に記述されており」、五条二号（法人等に関する情報）にあたる部分を除いた部分を「明確に分離することは困難」とする。だが、「詳細に記述」とはどの程度のことなのか。

北海道拓殖銀行が経営破綻した原因と役員の法的責任を調べる与信調査委員会の報告書についても、同様に答申[注16]は「融資先との取引内容が具体的かつ詳細に記載されており（中略）不開示情報が記載されている部分を容易に区分して除くことはできない」とする。

しかし、ことに三号（国の安全等に関する情報）、四号（公共の安全等に関する情報）の関係文書となると、審査会はインカメラ審理で文書をじかに検分しても、その答申が認める分離の困難さはさらに伝わりにくいケースが多い。「日豪外相会談録」では、不開示情報の記載部分を除いた部分は「会談後の記者説明などと同一、同旨のものが含まれているが、交わした率直な発言と容易に区分しがたい状態で含まれており」とする答申[注17]は丁寧さでまれな例だ。「日ソ首脳会談録」では答申[注18]は「部分開示をすることも困難だ」の一言、また、金融情勢に関する「米財務副長官から金融再生委員長あての書簡」の不開示では答申[注19]は「国際慣行上、公にできない」の一言ですます。「先進国テロ対策専門家会議」についての答申[注20]は、結論として「全部が不開示とされるべき」となる。

## だれにとって「有意の情報」か

もう一つのあいまいキーワードは「有意の情報」だ。ただし書きの「当該部分を除いた部分に有意の情報が記録されていないと認められるときは、この限りでない」にある。

ある情報が「有意」かどうかは、その程度も含め、情報の受け手によって、また、その情報入手の目的・意図によって千差万別だ。一般的判定基準などはありうるのか。だれがそんなことを決めるのか。

前記の要綱案では、部分開示の項のただし書きは「当該部分を除いて開示することが制度の趣旨に合致しないと認められるときは、この限りでないものとすること」とある。その趣旨として「要綱案の考え方」は次のように記す。

「不開示情報が記録された部分を除くと、客観的に有意な情報が残らないような場合は、不開示情報が記録された部分を除いて開示することとは、行政機関に負担を強いるとともに、開示請求者の不利益にこそなれ、その利益に資するところがない。そこで、このような場合には、『制度の趣旨に合致』するとは認められないので、行政機関の長は、部分開示の義務を負わないこととした」

さらに、政府の前記「法案立案時の説明資料の要旨」は、「制度の趣旨に合致しない」との例外要件を定めた経緯を以下のように説明している。

《行政情報公開部会において議論され、「『残りの部分』に開示する価値があるかどうかは、開示請求者のみが判断できるのであって、行政機関が判断すべきではない」「わずかでも情報が残っているならば、部分開示すべきである」との考え方と、「『残りの部分』にある情報の内容に照らし、労力をかけて黒塗りし、手数料を徴収し

表１　不開示情報の記載部分を除いた残りに「有意の情報」がない、とされた例

| 請求文書・情報 | 情報公開審査会の判断理由 |
|---|---|
| 帰化事件処理要領 | 残るは様式。わずかな情報で本質的でない |
| 法人税納税申告書 | 法人名、所在地、枠は有意な情報でない |
| 農薬の毒性の情報 | 開示済みと同様の情報で有意性はない |
| 死刑執行施設の設計図 | 残余の部分からは何を示すものかを理解できない |
| 人権侵犯事件記録など | 記載漏れがあり、統計的な有意性はない |
| 仮出獄許可決定書など | 矯正施設名と様式の記載事項しか残らない |
| 特定宗教団体に対する規制処分審査関係文書 | 表紙の記載のみ |

てまで部分開示する価値がないときにまで、部分開示することは適当でない」との考え方との調整の結果、「制度の趣旨に合致しない」という例外要件を定め、具体的な部分開示義務の基準については、情報公開審査会の答申や判決の蓄積を待つこととされた》

　政府の解説書、『詳解　情報公開法』は、「有意の情報が記録されていないと認められるとき」の例として、残りの部分に記載されている内容が、無意味な文字、数字等の羅列となる場合等をあげる。また、有意かどうかの判断は「個々の請求者の意図によらず、客観的に決めるべきものとしている」と説明する。

　だが、残りの部分とはいえ、もともと文書の作成で無意味な文字、数字を記すことは通常はない。また、有意性の判断は客観的に決めるべきものと一般論を説いてみせても、行政機関の担当職員も含めて人々の関心の持ちようはそれぞれ様々で、客観的な基準などはあるのだろうか。

　東京都知事交際費の公開をめぐる裁判の控訴審で東京高裁が、公開拡大を命じる判決(注21)で、「一部開示を受けた部分だけでは、開示請求をした目的を達し得ないか否かは、本来的には、請求者において判断すれば足りる事柄である」と、部分開示による有意性を否定する都側の主張を退けたのは、そうした人々の関心の多様性ゆえである。行政改革委員会が具体的な部分開示義務の基準について法施行後四年をめどとする見直しへと先送りしたのもそのむずかしさゆえだろう。

参考までに、不開示情報の記載部分を除いた残りに「有意の情報」がない、とされた例を表1に掲げる。解釈が大きく分かれる部分開示の現行規定は、そのよって立つところの法の趣旨をあらためて問い直し、明確な言葉で書き直す必要がないか検討する時がきている。

注1　二〇〇一年三月二十七日第三小法廷。最高裁ホームページ http://courtdomino2.courts.go.jp/home.nsf「最高裁判例集」の検索ページ
注2　一九九九年に改正される前の旧条例
注3　一九九六年六月二十五日大阪高裁。前掲、最高裁ホームページ「行政事件裁判判例集」
注4　答申番号・平成十四年度123
注5　十五年度（行情）384〜7
注6　十三年度140
注7　前出「情報公開法制の確立に関する意見」
注8　「情報公開法の制度運営に関する検討会」第六回会合（二〇〇四年九月二十八日）配布資料六「部分開示（法第六条）についての検討資料」一〜二ページ。総務省ホームページ
注9　藤原静雄「交際費支出関係情報の公開の是非と部分公開のあり方」、季報・情報公開、二〇〇一年vol・1、行政管理研究センター、四一〜四二ページ
注10　三宅弘「交際費情報公開判決と審査会の役割」、自由と正義、二〇〇二年十月号、九二〜一〇一ページ。同「行政情報の公開―新たな課題」、ジュリスト、同年一月一日―十五日号、二〇〜二五ページ
注11　最高裁ホームページ「お知らせコーナー」の「裁判所の情報公開について」

注12　二〇〇二年五月二十四日名古屋地裁。最高裁ホームページの「下級審主要判決情報」検索ページ

注13　二〇〇二年十二月五日名古屋高裁。前記検索ページ

注14　二〇〇三年十二月一日仙台地裁。前記検索ページ

注15　十四年度１８２

注16　十四年度０８１

注17　十四年度（行情）３３９

注18　十四年度（行情）４９７

注19　十四年度１０８

注20　十四年度（行情）３６０

注21　一九九七年五月十三日東京高裁。最高裁ホームページの「高等裁判所判例集」

# 第六章　「不存在」という逃げ道を塞ぐ

## 絵に描いた餅、砂上の楼閣

国民に行政文書の開示請求権を認める情報公開の制度も、利用者の求める情報が記された文書があるのかないのか、政府はどんな文書をどれだけ持っているのかといったことが明らかにされなければ、絵に描いた餅となる。成否のカギを握るのは、原則公開の義務を課された政府のほうである。文書を公開する権限は政府にあって、個々の国民にはないからだ。

公開請求を省庁が拒んだ場合は、請求者の不服申し立てに基づいて、第三者による救済機関である情報公開審査会がその当否を審議し、答えを出す。

施行から四年、実際の運用はどうだったか。

残念ながら、頼みの審査会にとっても「不存在」の真偽チェックは難題で、情報公開制度は「砂上の楼閣」ではないかと疑わせるケースが少なくない。該当文書の特定を争ったケースも含めて、主にこれらの答申から法の運用の問題と仕組みの限界を探る。

## 答申後にゾロゾロ出てくる「不存在」文書

鈴木宗男・元衆院議員が深くかかわった北方四島住民支援事業に関し、朝日新聞記者は同法が施行された二〇〇一年四月、外務省に対し、①それぞれの事業ごとの入札参加企業の一覧②入札結果の一覧③入札参加資格に関する文書、の公開を求めた。同省は、②にあたる文書として「北方四島住民支援・契約先一覧」をすんなりと公開した。(注1)だが、①③に関しては「不存在」を理由に不開示としたため、記者は異議を申し立てた。

これに対し、外務省は二年以上もたった〇三年七月にようやく審査会に諮問し、不開示の理由説明書を提出した。その弁明は以下のようなものだった。「支援実施を決定したあとの入札関連業務は任意団体の日ロ支援委員会事務局がやっていたので、入札関連文書は同事務局の内部文書であり、一部が外務省に供覧されていたが、保管する必要もなく、その措置もとっていない」

しかし、審査会は同年十一月、独自の調査に基づき、①の該当文書として少なくとも外務省が〇二年十月二十二日に開示決定した文書「四島住民支援（調達業務に係る鈴木宗男議員よりの問題提起）」が、また、③の該当文書として少なくとも同省より公表された同年三月四日付「北方四島住民支援に関する調査結果報告書」のなかの「国後島緊急避難所兼宿泊施設（メモ）」がそれぞれ存在し、外務省が保有していることが認められると結論づけ、決定を取り消すよう求める答申（注2）をまとめた。

外務省はこの答申を受けて決定を見直し、〇四年二月、上記二点を含む計十八点の文書を該当文書とした。その内訳は、「北方四島住民支援（鈴木議員の発言）」など十二点は全面開示、「北方四島住民支援（国後島・色丹島向け計二〇〇〇トンの燃料供与）」など六点の文書については法人情報や領土交渉の関係情報を不開示とする部分開示である。

決定書は決定変更の理由を、「異議申立人の主張を踏まえ（中略）再度検討した結果、より広い範囲で対象文書を特定することが適当であるとの判断に至り」とするだけで、「入札関連文書には保管していない」という最初の不開示の理由が事実に反していたことについては一言も触れていない。

## 最後ではなかった「最後の開示」

北方四島住民支援事業をめぐっては、鈴木元議員の関与について外務省が園部逸夫参与（元最高裁判事）らによる内部調査をおこない、〇二年三月に報告書を公表した。

その調査で確認された関連文書の中には、記者が前年六月に公開を求めた「一九九九年度中に開かれた支援委員会の会合の会議録、配布資料など」の対象となるはずの、しかし、決定通知の該当文書にはなかった三点の文書が含まれていた。そこで記者は外務省に対し、先の請求と同じ文書名と「園部報告で存在が確認された関係文書」とを組み合わせて、再び請求してみた。

〇二年九月に決定が出た。三点はやはり漏れていた。それなのに、「これが最後の開示決定等になります」と添え書きがあった。三点の文書名は園部報告書といっしょに外務省のホームページにも載っており、すぐに同省にアピールした。約半月後、「事務連絡」の形でその三点が追加で送られてきた。

この決定について、記者は外務省に異議を申し立てた。該当文書の検索から特定、開示・不開示の決定までの対応が法で定められた基本的な義務すらないがしろにしているので、該当文書をなお秘匿している疑いを払拭できない、という内容だった。

外務省は約八カ月後の〇三年七月に情報公開審査会に諮問。併せて提出した理由説明書で「異議申立人の主張は当たらない。ほかに開示すべき文書は存在しない」などと弁明した。

しかし、その五カ月余りあと、審査中の〇四年一月、新たに六点の文書を特定した公開決定の通知を送ってきた。「国後島緊急避難所兼宿泊施設工事に係る日本工営との面談メモ（一九九九年十月二十六日）」など、いずれも二社の業者との面談記録である。審査会から再調査を求められたのだろう。さらに二カ月後、同様の面談記録七点を開示決定（一部は部分開示）する通知が届いた。通知書に「これが最後」の添え書きはなかった。

## 二転三転、とどまるところを知らず

次も外務省のケース。驚くべき対応は同省に多い。

二〇〇一年四月の法施行に合わせて、記者は、外務省が在外公館に対して実施した内部査察の報告書と関係文書を公開するよう求めた。対象とする期間は、一九九〇年から十年分。半世紀にわたる外務省の査察制度が適正に運用されてきたのかどうかを確認するためだ。外務省幹部による報償費詐取事件、米デンバー総領事による一千万円もの公金横領事件に続き、米アトランタ総領事館やソロモン大使館でも同様の不正が発覚したのがきっかけだった。

これに対し外務省は、各年分の査察報告書と、それぞれ事後の改善策のため在外公館と本省がやりとりした記録である「フォローアップ関係文書」を該当文書として、すべて不開示とした。記者の異議申し立てに対し、外務省は二年一カ月も経過した〇三年七月、ようやく審査会に諮問、不開示の理由説明書を提出した。「査察使によるヒアリング調査が公になると対象職員との信頼が保てなくなる」「在外公館の内部事情や弱点が他国に知られてしまう」などとする内容だった。

だが、その言に違って、約三カ月後、外務省は審査会に対し、「九〇・九三年分のフォローアップ関係文書は実は存在しない。廃棄したか、作成しなかったか不明である」とする補充の理由説明書を提出した。最初の決定は該当文書が存在することを前提にしての不開示だった。二年四カ月もたった諮問後に、「文書は不存在だった」と訂正したことになる。事実であれば、役所の仕事としては前代未聞の失態であり、請求者と審査会をこれほど馬鹿にした話はない。

ところが、さらにである。それから約三カ月後、外務省は審査会に対し、「不存在だった」と訂正した文書のうち、「九一年十一月から九三年十二月までの二年二カ月分は保有していた」と再訂正する補充の理由説明書を提出したのである。開いた口がふさがらないとは、こういうことをいう。

審査会は答申[(注3)]で外務省に対し、不開示の当否については結論としてフォローアップ関係文書の一部を除いて報告書とともに不開示を妥当としたものの、同省の文書管理のあり方に言及して異例の注文を付けた。

「開示請求に伴い、文書の存在を確認することなく対象文書を特定し不開示決定をしたことについては、文書があるものとの先入観に基づき、文書特定をしてしまったとの説明があるのみで、合理的な説明を得ることはできなかった。この点につき、外務省の対応は法の趣旨を没却するものであり、二度とあってはならない。今後もさらに徹底した文書管理を行ったうえ、開示請求に対し的確かつ誠実に対応することを強く要請する」

## 文書はあったが「廃棄ずみ」

情報公開法が施行された二〇〇一年四月、朝日新聞記者は国土交通省に対し、一九九四年度予算編成にあたって、関西国際空港（関空）に関して運輸省（現、国交省）、大蔵省（現、財務省）の両省幹部がもった打ち合わせの記録や合意文書、覚書などの公開を求めた。

同年度の運輸省予算では、関空の二期工事の着工にめどがつくか、空域が接近する新規の神戸空港が着工できるか、二つの案件が注目された。需要見通しなどから、認められるのはいずれか一つとみられた。だが、結果は両方とも認められた。その裏には、両省庁の局長クラス幹部が交わした密約があるとされた。その「覚書」には、①神戸空港をつくり関空の横風用滑走路の代替を兼ねる②大阪空港を廃止して用地の売却代金を財源に、関空の二本目の滑走路をつくる③いずれ関空会社は神戸空港も経営する——などの内容が盛り込まれているとされた。これが事実であれば、両方の顔を立てることによって、関西の「空の分裂」を決定的にし、その後の関空会社の経営行き詰まりの根本原因をつくったともいえる。このことを公開文書で明らかにすることが狙いだった。

覚書の存在は、当時の取材記者らが事情に通じる関係者らから確実な裏を取り、記事にもしていたので、請求した記者は文書が公開されることを期待していた。

届いた決定は「公開」、不開示とした部分は「なし」だった。しかし、さすが情報公開法、と喜んだのはつかの間のことだった。取り寄せた文書は、成田、羽田、関西の三空港に政府が投じる予算の要求額や予定額を並べただけのＡ４一枚の報道用発表資料だった。

記者は「ほかに覚書があるはずだ」と異議を申し立てた。これを受けた国交省は、約半年後に審査会に諮問。その理由説明書で初めて覚書の存否に触れ、「予算が認められた神戸空港関連の調査費の趣旨を確認する文書を作成したように思う」との、当時の担当職員の記憶証言を明らかにした。だが、旧運輸省の文書管理規則では保存期間が五年であり、問題の文書は書庫などを探しても見つからないので廃棄ずみと考えられる、とした。

審査会の答申は[注5]、「決定通知の『不開示とした部分とその理由』欄には、開示した文書以外の文書が不存在である旨および不存在の理由を記載するのが適当であった」と指摘したものの、国交省の説明を認めて決定は妥当とし、この件は幕引きとなった。

## 国会答弁資料も五年で廃棄ずみ

同じく情報公開法の施行時に、記者は外務省に対し、一九七五年に神戸市議会が「核兵器積載艦艇の神戸港入港拒否に関する決議」（いわゆる非核神戸方式）を採択したときに同省が省内や米政府などとの間でとった対応の記録を公開請求した。同省は半年後、「保有していない」との理由で不開示を決定した。

記者の異議申し立てに対し、外務省は一年七カ月余りも後に審査会に諮問したが、その理由説明書では「保管しているファイルの中にはかかる文書は存在しない」としか説明しなかった。審査会からさらに説明を求められて、ようやく不存在の事情を説明した。①決議は神戸市としての考え方を表明したもので、外国軍艦の本邦寄港については、外交関係の処理の責任を有する国がその是非を判断する旨、国会などで表明してきた②国会答弁の通り、決議を行った際に神戸市から外務省に決議の説明、政府見解の照会などはされず、外務省の見解を神戸市に伝えることもなく、外務省は決議について検討・協議などをする立場になく、神戸市とのやり取りはなかった——というものだった。

これに対し、審査会は答申で、(注6)「決議は、当時のいわゆる核持ち込み問題をめぐる状況などに照らして相当程度の社会的重要性を有していた。また当時、神戸市議会から外務省に対して決議書が送付されたことも考えられるところから、少なくとも決議書自体は何らかの方法で入手のうえ、省内での検討の参考とされた可能性が高い」「国会答弁では決議書自体を参照していた可能性が高く、決議書が答弁の関係資料ファイルに資料としてとじられていた可能性が高い」とした。

しかし、結論としては、仮に取得していたとしても、当時の文書保存・廃棄の規則では保存年限五年で、すでに廃棄されたはずであり、「国会答弁の資料ファイルも廃棄ずみ」とする外務省の説明について、これを覆すに足りる事情も見いだしがたいとして、不開示決定を妥当とした。決定通知の理由説明がきわめて簡易であったことについても、「請求者の便宜のためにできる限り具体的に記すことが望ましい」としたものの、「違法とまではいえない」とした。

## 法の無理解による「不存在」

情報公開法は、作成・取得どちらの文書でも、公開請求の時点で保有しているものは、法の対象外、適用外の文書を除き、すべて対象とする。このことを理解していないために、対象文書が「不存在」とされたケースもしばしばある。

たとえば、農林水産省に対し、二〇〇二年十月に開かれた大臣の私的諮問機関「食肉流通問題調査検討委員会」の提出資料に関連して公開請求がされ、同省が「不存在」を理由に不開示としたケース。その当否についての答中によると、この資料は、牛海綿状脳症（ＢＳＥ）関連対策の牛肉在庫保管・処分事業をめぐって、同省、国会、報道の動きをＢＳＥ発生から事業決定まで日付を追って整理したもの。「国会等」の欄には、事業に関する国会質問の要点、特定政党ＢＳＥ対策本部の会合に関する記述などがある。請求は、その対策本部に関する記述のもととなった同省の保管資料についてなされた。[注7]

審査会への農水省の説明では、対策本部会合に関する記述は、委員会担当の職員が会合に出席した職員から聞き取ったもの。同省は、このメモ書きを該当文書としたものの、「委員会資料が完成した段階で廃棄した」と説明した。

しかし答申は、「公開請求の文言からは、このメモ書きだけを請求したものではない。農水省は対象文書を不必要に限定している」と誤りを指摘した。同省の説明でも、担当職員が資料作成の過程で、対策本部に対応する当時の窓口課に保管されている関係ファイルを参照し、対策本部の開催状況を確認したり、聞き取りの際に参考としたりしていると認定。ファイルには会合の議事次第、同省の提出資料、対策本部からの配付資料などがつづられ、このうち、少なくとも委員会資料にある対策本部会合に関する記述を行うために参考としたものは、仮にその内容がすでに公になっている文書であっても請求対象だとした。

さらに答申は、ＢＳＥ対策は緊急かつ重要な課題であり、当時、頻繁に開催された対策本部会合には同省幹部が出席していたことや、報道などによれば、ＢＳＥ対策の立案に対策本部会合が重要な役割を担っていたとされていたことなどから、「その内容を記録した文書は一切存在しない」とする同省の説明に不自然な点がないと言えないとした。また、たとえ個人の作成したメモなどでも、上司の指示で作成されたり、他の職員への報告に利用されたりしていれば請求対象となるので、ほかに該当文書がないか十分に調査する必要がある、と注意を促した。

福岡県内の病院で二〇〇〇年七月、臓器移植法の施行後九例目の脳死判定があった。記者は〇一年四月、判定の公開性をチェックしようと厚生労働省に関係文書の公開を求めた。これに対し同省は、日本臓器移植ネットワークから入手した「脳死判定承諾書」「臓器摘出承諾書」「脳死判定記録書」「患者選択の記録」などについては、検証会議で使ったあと廃棄したとして「不存在」を理由に不開示を決定した。

異議申し立てを受けて同省は〇二年二月に諮問。理由説明書のなかで、請求受理時には存在していたことを認めたが、同省は審査会に対し、検証作業などのため借用したものであり、コピーも会議のあと廃棄することを前提にしたものであって、どちらも「行政文書」と考えなかったと弁明した。

しかし、審査会は答申で[注8]、文書の内容・性格、提出を求めた趣旨・目的、使用・管理・処分などの状況から「行政文書」だとした。そのうえで、法施行令第一六条によって、対象文書は開示決定の日の翌日から一年以上保存する文書管理規程を作成しなければならず、同省の規程もそうなっている、また、施行令は決定前なら廃棄してもよい趣旨で定めてもいないとして、不存在を理由とする不開示決定は妥当でなかったと断じた。だが、結論としては不存在を認定するしかなかった。

高知赤十字病院で一九九九年に実施された最初の脳死判定に関する記録の公開請求でも、厚労省が「文書が存在しない」として公開しなかった臓器提供者の頭部検査の所見などについて、審査会は答申で[注9]文書の存在を認め、不開示決定を取り消し、再検討を求めた。存在する可能性は、判定を伝えた当時の新聞記事と公開資料をもとに記者が指摘したものだった。

終戦直後におこなわれた昭和天皇とマッカーサー連合国軍総司令官との会見の記録を記者が〇一年四月、宮内庁に公開請求した件では、同庁は、十一回あったとされる会見のうち、第一回分を同庁書陵部に法の対象外の「歴史的資料」として保有しているほかは保有していないとして不開示を決定した。

しかし、審査会は同年十二月の答申で、(注10)決定の一部を取り消し、第三回の会見録とされる文書を該当文書として特定し、決定をし直すよう求めた。

この文書は、国立国会図書館憲政資料室が幣原平和文庫から寄贈を受けて保管している『マッカーサー』元帥との御会見録」。複写したマイクロフィルムが一般の閲覧に供されている。宮内省の名前の入った罫紙に記載され、「寺崎御用掛謹記」とされていることから、審査会が宮内庁に説明を求めたところ、同庁書陵部が編纂中である昭和天皇実録の編纂資料として、マイクロフィルムの複写を保管していると判明した。

宮内庁は審査会に対し、同庁が会見録として保有していたものではない、作成の経緯が不明、などとして、マイクロフィルムを行政文書として保有しているものの、請求対象の文書は不存在と弁明した。

だが、答申は、真偽はともかく、「御会見録」は対象文書に該当し、昭和天皇実録編纂事業に現に使用されている行政文書だとした。この文書は研究者らに広く知られており、記者側が審査会に対し、不存在の反証としてその存在を指摘していた。

## 審査会職員が書庫で発見

前述の北方四島人道支援事業のケースのように、諮問後に審査会が省庁側に対し、対象文書の範囲をどうとらえているか、文書管理をどのようにしているか、などをただしたすえに該当文書が見つかる例は多い。

ビキニ環礁水爆実験による第五福竜丸事件で、記者が日米補償交渉の記録を外務省に求めた件も、二度の追加決定がされたのは審査会の働きによる。二〇〇三年八月の諮問時の理由説明書では「関連ファイルを検索した結果、原決定に追加して決定すべき対象文書はない」としていたが、答申によれば[注11]、審査が開始されると、外務省の検索は文書ファイル管理簿と原文書に当たらず、事件から間もない一九五五年に作成された執務参考用資料に掲載されている関連文書三点のみを該当文書として特定したと判明した。審査会の指摘を受けて、外務省は管理簿と原文書を調べ直し、同十月、新たに十四点もの公開を追加決定。さらに審査会が確認して、関連ファイルからもう一点も見つかった。

審査会事務局の職員を省庁に派遣して、省庁職員の立ち会いで書庫などを調べ、対象文書が出てきたケースもある。

たとえば、水俣病の認定条件を決めるため環境庁（現、環境省）が一九七五〜七七年に開いた専門家検討会の記録について、審査会は書庫への立ち入り調査で、他の資料の中から七五年七月の「水俣病認定検討会第一回眼科小委員会」の検討結果を記した資料を見つけた。答申は[注12]、「不存在」を理由にした不開示決定を取り消すよう求めた[注13]。

ほかにも、公正取引委員会の委員の任免に関する文書を市民が公開請求したケースがある。公取委は文書は「不存在」とし、「倉庫を探し、担当職員二十数人から話を聞いたが、文書はなかった」と説明した。だが、審査会が事務局職員を派遣して改めて点検させたところ、委員人事について国会の同意を得るための文書や、辞任をめぐる想定問答集など十七点の文書が見つかった。答申は[注14]、公取委の文書管理のあり方を厳しく批判した。

立ち入り調査（検証）は、行政不服審査法第二十九条で審査会に与えられた権限だが、このように「不存在」文書が見つかるのは、むしろ、まれなケースだ。審査会事務局によると、施行から〇四年二月末までのまとめでは、書庫などを調査したのは五十三件。うち十九件で文書が見つかったが、公取委の関係分をひとくくりにすると実質的には三件にすぎない。

## 法を骨抜きにする省庁の悪弊

省庁は、公開請求を拒むとき、対象文書を保有していない場合も含め、理由の提示が行政手続法第八条と情報公開法第九条で義務づけられている。この点について、政府解説書『詳解　情報公開法』は第九条の解説のなかで、「単に法律上の根拠条項を示すだけでは足りず、申請者が拒否の理由を明確に認識しうるものであることが必要」と求めている。さらに、法要綱案づくりに加わった宇賀克也・東京大学大学院教授は著書『新・情報公開法の逐条解説』（有斐閣）で、「当該文書は、作成しない慣行になっており、実際に存在しない」「当該文書は存在したが、保存年限を経過したために○年○月に廃棄した」などの理由を提示する義務がある、と説いている（同書八十三ページ）。そうした義務を課さず、「保有していない」との説明だけですむなら、行政機関は文書の検索を十分に尽くさなかったり、文書の存在自体を秘匿したいときにその方便にしたりする悪弊がはびこり、法が骨抜きとなってしまうからだ。

法制定が予想もされなかった時代に作成・取得されたであろう文書。その有無について省庁の説明はあいまいなことが多い。だが、そういう時代でも、文書の保存・廃棄の規則があり、廃棄の記録が残っている場合もある。そのような規則や記録をたぐって調べ、文書の有無の説明をできる限り尽くす努力をした例はある。

諫早湾の干拓事業に関連し、農水省が高級貝・タイラギの不漁調査委員会の議事録などを全面不開示とした件で、記者の不服申し立てを受けて、同省は約八年前までさかのぼる対象文書のうち、不存在を理由に不開示とした文書十三点について、不存在となった事情を調べた報告書を審査会に提出した（資料1）。想定される文書一点ごとに作成・取得の有無、保存年限を過ぎているかどうか、紛失・不明も含めた「不存在」の具体的な事情を調べて一覧表にした。

最高検察庁も、三十数年前に不起訴となった「和田心臓移植」事件の捜査段階で、札幌地検が法務大臣と検事総長、高検検事長にあてた捜査状況に関するいわゆる「三長官報告」の保存・廃棄について、それぞれ庁内の文書管理規則とそれらに基づく文書の保存・廃棄記録を可能な限りさかのぼって調べ、詳細な報告書を審査会に提出している（資料2）。三長官報告が含まれているかは不明だが、「心臓移植事件」との記述のある文書廃棄記録が残っていることを報告している。

だが、ここまで努力してみせる省庁はまだまだ少数派だ。しかも、これらの調査も不服申し立てがされてからのもの。情報公開法は、徹底した文書管理がされていてこそ、まともに機能する。そんな基本が省庁にまだ育っていない。

## 審査会の調査権限に「不存在」の壁

審査会事務局によれば、法施行から二〇〇四年三月末までに出された答申千五百三十五件のうち、「不存在」を理由とした不開示に関するものは、特殊法人などが対象機関のものも含め、二百八十三件にのぼり、全体の一八・四％と多い。しかし、文書は存在するなどとして省庁の決定の取り消しを求めたのは、その一一・七％、三十六件にすぎない。残る大半については、省庁側の主張を追認し、「（省庁の説明は）特に不自然、不合理とまでは言えず、是認せざるを得ない」などと締めくくる答申が目につく。審査会には立ち入り調査の権限もあるとはいえ、少ない事務局職員を派遣しても、省庁の膨大な文書をくまなく調べることはほとんど不可能に近い。

審査会も省庁に対し、「不存在」の立証責任を必ずしも厳しく追及していない。

たとえば、山一証券の経営破綻の直前に、大蔵省（現、金融庁）が同証券側から簿外債務と経営問題をめぐって受けた報告書、同証券への照会文書などを記者が〇一年四月、金融庁に対し公開請求した件。同庁は、「営業休止届出書」と「山一証券に対する是正命令」のほかに対象文書を保有していないとしたため、記者が異議を申し立てた。しかし、審査会は〇三年七月の答申で、(注15)その他の文書の取得・作成・保存の必要性からみて、同庁の判断、説明を認め、決定を妥当とした。

記者は「不存在のため開示できない」文書について、いつまで存在していて、いつから存在しない状態となったのか、どんな根拠・理由で廃棄したのかなどを明らかにする責任が同庁にあると主張していたが、答申は「法は開示した文書以外には文書がないことまでも詳細な説明を求めているとは解せられない」と退けた。前述の宇賀教授の解説の通りには、コトは運んでいない。

## 文書管理法の制定が急務

以上のように、省庁が文書「不存在」を理由に不開示決定をする場合のさまざまなパターンの事例と、文書検索のずさんさ、説明のあいまいさ、審査会の調査権限の限界などを見てくると、請求対象の範囲のとらえ方や、徹底した文書検索、文書不存在の立証・説明がどの程度なされるかは、省庁側の努力と審査会の権限行使の度合い次第という構図が浮かんでくる。

そして、そのような「努力」を頼みとせざるを得ない現実の背後には、対象文書を短期間に漏れなく拾い出すことが難しい文書管理の頼りなさ、弱点がかいま見えてくる。

それを映し出す事例がある。

外務省は二〇〇三年二月、情報公開の請求者に対し、「北朝鮮やイラク情勢などによる多忙」で公開・非公開を決める作業が遅れている、とする釈明の手紙を出した。(注16)「取り下げのご意向があるときには、請求手数料の返還などのご相談に応じたい」として、請求の取り下げを誘導するような内容だった。手紙は、長期にわたって開

## 資料1　農林水産省が諫早湾干拓事業の関係文書について、「不存在」の理由を説明するため、情報公開審査会に提出した書類

原処分で不存在のため不開示とした文書の具体的事情（議事録及び配付資料を除く）

農林水産省

| 番号 | 想定文書名等（種類） | 保存媒体 | 想定される作成場所 | | 農水省における文書の存否 | 不存在の理由 | | | | | 不存在の具体的事情 |
|---|---|---|---|---|---|---|---|---|---|---|---|
| | | | 農水省 | 委託先 | | （農水省の）取得の有無 | 作成せず | 保存年限到来廃棄 | 保存年限中誤廃棄 | 紛失・所在不明その他 | |
| 1 | 委員会で配布・閲覧されたメモ | 紙 | ○ | ○ | 否 | | ○ | | | | 議事録及び資料以外に、配布・閲覧された資料はない。 |
| 2−1 | 会議に先立って出席者に出された案内・通知（事務所長あてを除く） | 紙 | | ○ | 否 | 無 | | | | | 委員会に関する事務は（財）諫早湾地域振興基金に委託している。この文書は委託先で作成しており、農水省は作成していない。また、この文書は委託先から各委員に送付したため、農水省は保有しない。 |
| 2−2 | 会議に先立って出席者に出された案内・通知（事務所長あてに限る） | 紙 | | ○ | 一部存在 | 有 | | 一部廃棄 | | | 事務所長は委員をしているため、委託先から開催通知を受領している。但し、保存年限（1年）到来のものは廃棄したため不存在。 |
| 3−1 | 会議の報告書・中間報告書 | 紙 | ○ | | 否 | | ○ | | | | （委員会毎または年度毎等に、審議内容を要約した）会議の報告書や中間報告書を、農水省では作成していない。 |
| 3−2 | 同上 | 紙 | | ○ | 否 | 無 | | | | | （委員会毎または年度毎等に、審議内容を要約した）会議の報告書や中間報告書を、農水省は委託先から取得していない。 |

## 資料2

刑事事務課

| 進行番号 | 年度 | 名称・内容 | 冊数 | 重要資料認定年月日 | 摘要 |
|---|---|---|---|---|---|
| 400 | 45 | 財政経済事件（産経） | 1 | 56.5.1 | 11.3.4 重要資料認定解除<br>11.年3.月15日廃棄 |
| 401 | 52 | 刑事に関する統計<br>（S51. 1/5 施行の[illegible]関係統計） | 1 | 56.5.1 | 2.1.12 [illegible] |
| 402 | 36 | 報告事件官紀整理簿 | 1 | 57.5.12 | 11.3.4 重要資料認定解除<br>11年3月15日廃棄 |
| 403 | 〃 | 報告事件一般刑事整理簿 | 1 | 57.5.12 | 11.3.4 重要資料認定解除<br>11年3月15日廃棄 |
| 404.405 | 46 | [redacted]事件（NO.121、NO.13） | 2 | 57.5.12 | 6.3.4 重要資料認定解除<br>6年7月6日廃棄 |
| 406〜411 | 〃 | 官紀事件（NO.30〜35） | 6 | 57.5.12 | 心臓移植事件<br>11.3.4 重要資料認定解除<br>11年3月15日廃棄 |
| 412〜423 | 〃 | 選挙事件（NO.57、NO.78〜88） | 12 | 57.5.12 | [redacted]事件（57）<br>[redacted]事件（78〜98） |

6.3.4 413〜423 重要資料認定解除 11.3.4
11年3月15日廃棄
412 11.3.4 重要資料認定解除
11年3月15日廃棄

三十数年前の「和田心臓移植」事件の捜査段階で札幌地検が法務大臣、検事総長らにあてた捜査状況の報告書の保存・廃棄の経過について最高検が調べて情報公開審査会に提出した報告書。現存する文書廃棄の記録に「心臓移植事件」の記述がある。

示・不開示の決定を延ばしてきた件の請求者にあてて出された。その対象は、北米局北米一課が担当する米国・カナダに関する外交政策にかかわる文書の請求者二十三人（計約八十件）に限られた。なぜか。

同省の当時の情報公開担当者が解説してくれた。「関係部局が多く、異動も頻繁な北米分野では、文書探しの生き字引が職場に定着しないから。その証拠に、定着率の高い中国課などでは生き字引がいて、情報公開の処理は速い」。つまりは、文書探しは、文書管理システムよりも、もっぱら人頼みだというのである。

法の運用がこれほど担当職員の努力次第というのでは、法のよって立つ土台が軟弱すぎる。文書の作成・保存・廃棄に関する厳格で行き届いた基準と、これに伴う廃棄記録の作成も含む義務、さらに、基準に反して廃棄した場合などに対する罰則などを定めた文書管理法の制定が急務である。

注1　この一覧の入札結果と政治資金収支報告書などによって、支援事業の受注業者七社が鈴木議員側に総額約四千五百万円の献金をしていた実態が裏付けられた。朝日新聞、二〇〇二年二月二十一日付朝刊
注2　答申番号・平成十五年度（行情）３９１
注3　十五年度（行情）７６８〜７７７
注4　「倒産寸前　五百億円超す初年度赤字（関西空港　重い離陸：下）」、朝日新聞、一九九四年九月三日付朝刊
注5　十四年度００９
注6　十五年度（行情）７３５
注7　十五年度（行情）０４６
注8　十四年度０９９
注9　十四年度０９６

注10　十三年度０８１
注11　十五年度（行情）６７０
注12　十三年度１４５
注13　朝日新聞、二〇〇二年三月五日夕刊
注14　十四年度１９５、１９９など十七件
注15　十五年度（行情）１９２
注16　「外務省、情報公開の取り下げ誘導か『北朝鮮情勢などで多忙』」、朝日新聞、二〇〇三年三月一日付朝刊

# 第七章　「存否応答拒否」の乱用を許すな

情報公開法には、「原則公開」の基本ルールに反して、請求文書によっては保有しているかどうかすら行政機関は答えなくてよいという「存否応答拒否」の規定がある。

情報公開法第八条は、次のように定めている。

「開示請求に対し、当該開示請求に係る行政文書が存在しているか否かを答えるだけで、不開示情報を開示することとなるときは、行政機関の長は、当該行政文書の存否を明らかにしないで、当該開示請求を拒否することができる」

## 発想の原点は

情報公開法はそもそも、政府の秘密主義に風穴を開け、秘匿体質を改めるために制定された。それなのになぜ、対象文書の存在の有無までを隠してしまうことができる規定を設けたのか。いったい、どのような文書や情報が、この規定の対象とされるのか——。行政改革委員会が法案のたたき台としてまとめた情報公開法要綱案は(注1)、この規定を設ける「考え方」を、次のように説明している。

まず、「開示請求を拒否するときは、開示請求に係る行政文書の存否を明らかにした上で拒否することが原則である。しかしながら、開示請求に係る行政文書の存否を明らかにするだけで、不開示情報の規定により保護される利益が害されることとなる場合がある」として、以下の例を挙げている。

・特定の個人の病歴の情報
・情報交換の存在を明らかにしない約束で他国等との間で交換された機微な情報
・犯罪の内偵捜査に関する情報

さらに、「開示請求が探索的になされた場合、(中略)行政文書の存否に関する情報と開示請求に含まれる情報とが結合することにより、不開示又は不存在と回答するだけで、不開示情報の保護利益が害されることがあり得る」として、以下の例を挙げている。
・先端技術に関する特定企業の設備投資計画に関する情報
・買い占めを招くなど国民生活に重大な影響を及ぼすおそれのある特定の物資に関する政策決定の検討状況の情報
・特定分野に限定しての試験問題の出題予定に関する情報
存否応答拒否の規定の適用範囲は限定されていない。その理由は、次のように説明されている。

「適用範囲を一部の不開示情報の類型に限定することは、それぞれの不開示情報について上記のような問題が生ずることに照らし適当ではなく、また、保護利益の侵害の程度で限定することも、不開示情報を合理的な範囲に限定した本要綱案の趣旨に照らし適当ではない」

規定の必要性や、適用範囲を限定しない理由は、一見、もっともなものであるかのように見える。だが、情報公開の請求者が文書・情報についての正確な知識を持っていることはむしろ例外であることを考えると、情報の開示・不開示の判断は、行政側が思うがまま操ることもできるものとなる。適用範囲も限定されないとなると、あらゆる分野で、行政側の恣意的な運用、乱用の心配が出てくる。この点についてのチェックは、だれがするのか。

「考え方」はそのことにも触れてはいる。

「この規定を適用して開示請求を拒否するときは、当該拒否決定に際し、必要にして十分な拒否理由の提示をする必要があり、また、請求拒否決定に対し行政上および司法上の救済を求めることができるので、この規定の適正な運用は確保されるものと考える」

だが、存否応答拒否をされた請求者の側は、こんな一般論で納得できるだろうか。情報公開審査会や裁判所に救済を求める道が残されているとしても、そこにいたるまでに要する月日やエネルギーを考えれば、行政側がはるかに優位に立っている。二〇〇一年四月に施行された日本の情報公開法は、こうした点、先行した諸外国の例と比較しても一層、異例である。

## 適用範囲を限る「先進地」米国

米国の情報公開法である情報自由法（The Freedom of Information Act＝ＦＯＩＡ）は一九六七年七月に施行された。適用除外の対象として国防・外交情報など九項目、記録除外の対象として継続中の刑事捜査や、情報提供者に関する一定の記録など三項目が挙げられているが、その他の情報については自動的な公開が原則であり、記録を非公開とする場合には、行政機関の側がその理由を証明しなくてはならない。日米安保条約に絡む情報の公開が米国側の資料から多く報じられてきたのも、この法制度の結果である。

ＦＯＩＡの条文に存否応答拒否に関する規定はないが、米国では過去の判例を通じて、記録の存在自体の情報が重要な結果をもたらすと考えられる場合に関しては、記録の存在の有無についての回答を拒否すること（「グロマー回答」と呼ばれる）が、認められている。筆者が一九九七年に日本弁護士連合会のＦＯＩＡ調査団に随行した際に聞いた米司法省の担当者の説明によると、「グロマー回答の適用ケースの九九・九％は国家安全保障、プライバシー、捜査など法執行に関するもの」ということだった。(注2)〇四年初め、宇賀克也・東京大学大学院教授（行政法）がおこなった現地調査でも、この傾向は変わっていないという。

オーストラリアとニュージーランドでは法の条文に規定があり、存否応答拒否の適用範囲を「外交・防衛、プライバシー、法執行に関する情報」に限っている。日本の自治体でも、九八年に改正された北海道の情報公開条例は、存否応答拒否の適用範囲を、国が専管する外交・防衛情報を除き、「特定の個人の生命、身体若しくは名誉が侵害されると認められる場合」と「犯罪の予防、捜査等に支障が生ずると認められる場合」の二類型に限っている。

ＦＯＩＡ調査団の訪米時に、日本の情報公開法案が存在応答拒否の適用範囲を広くしようとしていたことについて、米司法省の担当責任者は、「グロマー回答はきわめて限定的にしか認められないものだ。しかも、政府はその必要を証明しなければならない」と注意を促していた。

こうした経験、実績をもとに、法案を審議した日本の国会では、野党議員や参考人として呼ばれた市民らから、「応答拒否の当否を争い、さらに非公開の当否を争うのは、請求者に負担が大きすぎる」「原則公開の考え方からすれば、応答拒否が認められるのは、よほど重要なものに限るべきだ」「ほかの適用除外規定で十分に対応できる」といった疑問の声が次々と上がった。

## 幅広い適用範囲

二〇〇一年四月の施行から四年を経た情報公開法の実際の運用はどうだったのだろうか。

総務省の施行状況調査(注3)によれば、〇三年度の不開示決定二万五十九件のうち「存否応答拒否」による不開示は二百二件だった。これを情報公開法のどの不開示情報に当たるとしたかで分類すると、「個人情報」（一号）の八二・二％に次いで、「行政機関の事務・事業情報」（六号）の一七・二％、「法人等情報」（二号）の一六・八％（複数の項目に該当するものがあり、合計は一〇〇％にならない）。これに比べ、「国の安全等情報」（三号）は一％、捜査など「公共の安全等情報」（四号）は六・四％と少ない。法の適用範囲は「国家安全保障、プライバシー、捜査など法執行に関するものが九九・九％」という米国とは大きく異なる。

存否応答拒否に対する不服申し立てを審議した情報公開審査会の答申は、施行から〇四年三月末までに二百十二件あった。このうち、「妥当ではない」として存否応答拒否の決定を取り消すよう求めたものは十八件(八・五%)だった。この数字は小さいようにも見えるが、このほかに、本稿末尾の表1〜3に掲げた具体例に見られるように、不服申し立てを受けた後、あるいは諮問後の審議中に、審査会の指摘を受けて行政機関が存否応答拒否を取り消し、対象文書の有無を明らかにしたうえで決定をし直したケースも多い。

## 「事なかれ主義」が生む拡大解釈

文書の存否が争点であるだけに、答申は個別情報の具体的な内容に踏み込んでいないケースが多いが、答申を受けてであれ、答申に先立ってであれ、結果的に行政機関が最初の「存否応答拒否」という不開示決定を取り消さざるをえなくなったケースについて、情報公開審査会の答申から、規定の誤用・乱用ぶりを拾い出してみよう。

存否応答拒否の拡大解釈の背景には、行政機関の「事なかれ主義」がある。

「九州・沖縄サミットで報償費から出された支出のすべてがわかる文書」の公開を請求された内閣府は、「文書の有無を答えると、五条三号の国の安全等情報、六号の事務・事業情報にあたる不開示情報を開示することになる」として、存否応答拒否をした。その論法は、「報償費の使途などを公にするとその機動的な運用や内政・外交の円滑な遂行に重大な支障をきたすおそれがある」「公表しない取り扱いは国会でも説明してきた」「文書の存否を明らかにするだけで支出の有無がわかる」というものだった。

しかし、審査会答申は(注4)、「文書の存否を公にして明らかになるのは、報償費が支出されたか否かだけにとどまり、個別の具体的使途が明らかになるとは認められない」として、決定を取り消すよう求めた。

内閣府は「一九九四年に新聞で報道された旧内閣調査室作成の『日本の核政策に関する基礎的研究』」についても、同様の理由を挙げて存否応答拒否をした。論法は、「どのような事項を調査したか個別の文書の存否を答えることにより、情報の収集、分析その他の調査の取り組み状況などが明らかとなってしまう」というものだった。だが、答申は、(注5)「その名称の文書の存否が明らかになるだけで、研究の内容や方向性が明らかになるものではない。長期間が経過し、現時点でわが国の情報の収集、分析などの取り組み状況などを明らかにすることとなるとは考えがたい」としてその主張を認めず、決定の取り消しを求めた。

林野庁が請求された「一九九八、九九年に林野庁から行政処分を受けた特定会社の関係者、特定の衆院議員らと同庁長官や農水省幹部らとの面談、電話などの記録、一九九六〜九九年分」は、鈴木宗男・元衆院議員がのちに刑事被告となった事件にからむものだ。林野庁は「面談記録の存否が公になれば、捜査にかかわる情報を開示することになり、被疑者・被告人側の防御を容易にし、証拠隠滅などを招くおそれがある」として、五条四号に定めた「公共の安全等情報」にあたるとし、存否応答拒否をした。しかし、答申は(注6)「文書が存在すると答えても、必ずしも特定の職員と特定の相手方とが一定の内容の面談などをした事実まで明らかになるとは言えない」として、この決定の取り消しを求めた。

## 軽んじられる公益性

存否応答拒否を適用するにあたって、公益性との比較衡量をおこなった形跡がうかがえないケースもある。

「特定の地方労災医員の氏名、住所の載った地方労災医員委嘱関係文書」の開示請求を受けた厚生労働省は、「本件請求は、特定の者が地方労災医員であることを前提に行うもので、その存否を答えることは、当該者が地方労災医員であるか否かを明らかにするのと同様の結果が生じることとなる」と主張し、五条一号（個人に関する情報）で定めた不開示情報にあたるとして、存否応答拒否をした。しかし、答申は、(注7)「医員は非常勤だが国家公務員として重要な地位を占め、労災保険行政の透明性の確保から氏名の開示は説明責任を果たすうえでも求められている。氏名は『法令の規定により又は慣行として公にすることが予定されている情報』にあたる。法令上、氏名を公にしないとの根拠もない」として、決定の取り消しを求めた。

検察庁に請求があった「明治三十九年検務事件簿中の石川啄木にかかる記載部分」は、「慣行として公にされている情報」かどうかが焦点になった。検察庁は「約十九年前に公開され、その写真が載った書籍が図書館に備え付けられているとしても、偶発的な事情で公になっているに過ぎない」として、五条一号で不開示を定めた「個人情報」にあたるとして、存否応答拒否をした。しかし、答申(注8)は「故人の犯罪歴は、本人が著作物で明らかにし、ゆかりの企画展で処分庁自らが出品協力者として対象文書を提供するなどしている。犯罪歴の有無は一号ただし書き『慣行として公にされている情報』にあたる」として、この決定を取り消すよう求めた。

## 権利利益の過剰保護に走る

個人や法人の権利利益を保護しようとするあまり、やみくもに存否応答拒否に走ったように見受けられるケースも少なくない。

「特定歯科医院のレセプト請求の保険者への返還内訳書など」の公開を請求された社会保険庁は、「特定の保険医療機関に個別指導がされ、自主返還をした事実が明らかになると、患者確保などで不利な影響が出る可能性が高くなる」と主張し、請求された情報は五条二号の「法人等情報」にあたるとして、存否応答拒否をした。しかし、審査会答申(注9)は「ある程度の信用低下は否定できないが、明らかになるのは個別指導を受けたなどの事実の有無であって、具体的な指導内容や返還金額などまでは明らかにならない。監査対象ではないので、二重請求などの不正が疑われるおそれもなく、不利益の程度は受忍すべきものだ」として、決定の取り消しを求めた。

「特定地番の土地の収用に関して譲渡所得の特例適用を鈴鹿市と税務署が協議した文書」の開示を請求された

国税庁は、「文書の存否を答えるだけで、特定の個人が所有する土地について収用などが予定されているという五条一号個人情報、六号事務・事業情報にあたる不開示情報を示すことになる」として、存否応答拒否をした。しかし、答申は[注10]「国税庁からの公の通知文は、事業施行者が税務署と事前に協議することを求めており、協議をした事実の有無は五条一号ただし書き『慣行として公にすることが予定されている情報』にあたる。登記簿の記載から、土地の所有権が売買を原因として移転したこと、地目が公衆用道路に変更されていたことも明らかだ」として、これを認めず、決定の取り消しを求めた。

「特定期間に特定の郵便局の職員に執行された懲戒処分にかかる処分説明書」の開示請求を受けた総務省は、「対象文書の存否を答えると、関係者は処分対象の行為があったことなどは知っているので、被処分者を特定することが可能となり、その権利利益を害するおそれがある」として、存否応答拒否による不開示の決定をした。だが、答申は[注11]「存否を答えても、特定の職員が懲戒処分を受けたことを明らかにすることにはならない。仮に職場の詮索で被処分者をおおよそ推測できても、処分の具体的な内容までが明らかになるものではない」として、この決定の取り消しを求めた。

## 杓子定規の適用、自ら取り消し

行政機関が不服申し立てを受けて、あるいは情報公開審査会への諮問後に審査会の指摘を受けて、存否応答拒否の決定を取り消したケースを見ると、最初の決定が杓子定規の法解釈によるものであったためのものが目に付く。行政機関の側が、情報公開法の本質を理解していないため生じているものが多いようだ。

たとえば、「特定の土地家屋調査士の懲戒処分にかかる聴聞調書・報告書」の公開請求を受けた青森地方法務局は、「特定の個人が懲戒に付された事実の有無は、業務に関する情報ではなく、五条一号の個人情報である。

対象文書の存否を答えると、その不開示情報が開示されるのと同じことになる」として、存否応答拒否をした。しかし、請求者の審査請求を受けてこの問題を再検討した上級庁の法務省は、存否応答拒否の判断を取り消し、対象文書の保有については決定を一部開示に変更した。取り消しの理由は、「請求文書名に特定の個人名が記されていない」ということだった。(注12)

存否応答拒否の規定への理解が基本的に欠けていたのが、別掲の表3に掲げた二件などである。その一つ、「特定個人の退職に伴って交付された離職票の補正確認手続きに関し、交付した職業安定所がこれを受理した職業安定所に送った回答書」について東京労働局は、「文書はかつては存在したが現在は保有していない」として不開示としたが、審査請求を受けて、厚労省は、「文書の存否を答えるだけで特定個人が特定の会社に雇用され、その後、離職した事実の有無という五条一号の不開示情報を開示することと同じ結果を生じるので、存否応答拒否をすべきだった」と誤りを認めた。(注13)

## 誤用・乱用の歯止め策は

以上、行政側が規定の趣旨を理解していないために生じたと思われる誤用・乱用のケースを見てきた。すでに触れたように、総務省の調査によれば、存否応答拒否による不開示決定は〇三年度分だけで二百二件を数えたが、これに対する不服申し立ての件数は五十五件にとどまっている。不服申し立てをしなかった残る四分の三近くの請求者は「泣き寝入り」をしたことになる。これらのケースの判断にも、「誤用」「乱用」といえるケースが含まれていた可能性がある。文書の存在を前提とする不開示決定や、対象文書を保有していないとする不開示決定とは異なり、存否応答拒否という「門前払い」の回答は、請求者に靴の上から足を掻くようなもどかしさを残す。

存否応答拒否に関する規定を設けることの必要性は認めるとしても、法制定の原点に立てば、この規定が誤用・

乱用されることは封じなくてはならない。

では、どのようにすべきなのか――。

宇賀教授は、存否応答拒否を定めた法の趣旨が理解されるまでには時間がかかるだろうとして、東京都の情報公開条例の運用を例に引き、誤用の防止策として、情報公開法の所管部局に照会する運用ルールの確立を提案している。(注14)

東京都が職員向けに作成した「情報公開事務の手引」は、適用の妥当性を適切に判断するために、「(存否応答拒否の)適用にあたっては、情報公開課に対し、事前に照会するとともに、適用した場合は、都情報公開・個人情報保護審議会へ事後報告をすること」としている。

このような防止策も、事前の照会は行政内部のレベルにとどまる。法施行以来の運用例を見ると、審査会答申が「存否応答拒否」の取り消しを求めたケースは、厚労省所管の法人情報に関する分野が目立つなど適用範囲が広かった。こうした日本の運用状況に比べ、米国では運用上、存否応答拒否の適用分野が限られ、オーストラリアなどではそれが法律に明文化されている。なぜ、このような違いがあるのか。法の見直しまでに、関係データを収集・分析したうえで議論を深めていくことが必要だ。

注１　「情報公開法制の確立に関する意見」。総務省ホームページ

注２　中島昭夫『使い倒そう！　情報公開法―ＦＯＩＡ（米国情報自由法）もこうして使える』、日本評論社、一九九九年、六三〜六五ページ

注３　前出の「平成十五年度の情報公開法の施行状況の調査結果」

注４　答申番号・平成十五年度（行情）２７８

注5　十五年度（行情）２３７
注6　十五年度（行情）１２４
注7　十三年度１７２
注8　十三年度００９
注9　十五年度（行情）２６０
注10　十五年度（行情）１３２〜３
注11　十五年度（行情）２１４
注12　十五年度（行情）０６６
注13　十五年度（行情）３５２
注14　宇賀克也『新・情報公開法の逐条解説』、有斐閣、二〇〇二年、八二ページ

表１　情報公開審査会の答申が存否応答拒否を取り消すよう求めた例

| 請求先 | 請求文書・テーマ | 行政機関が存否応答拒否を決めた主な理由 | 答申の主な判断理由＝答申番号（年度は平成） |
|---|---|---|---|
| 内閣府 | 九州・沖縄サミットで報償費から出された支出のすべてがわかる文書 | 報償費の使途などを公にすると、その機動的な運用や内政・外交の円滑な遂行に重大な支障をきたすおそれがある。公表しない取り扱いは国会でも説明してきた。文書の存否を明らかにするだけで支出の有無がわかる | 文書の存否を公にして明らかになるのは、報償費が支出されたか否かだけにとどまり、個別の具体的使途が明らかになるとは認められない＝十五年度（行情）２７８ |
| 内閣府 | 一九九四年に新聞で報道された旧内閣調査室作成の文書「日本の核政策に関する基礎的研究」 | どのような事項を調査したか個別の文書の存否を答えることにより、情報の収集、分析その他の調査の取り組み状況などが明らかとなり、国の安全が害されるおそれなどがある | 存否を明らかにしても、その名称の文書の存否が明らかになるだけで、研究の内容や方向性が明らかになるものではなく、相当長期間が経過しているので、現時点でわが国の情報の収集、分析などの取り組み状況などを明らかにすることとなるとは考えがたい＝十五年度（行情）２３７ |
| 林野庁 | 林野庁から行政処分を受けた特定会社の関係者、鈴木宗男・元国会議員（答申では「特定衆議院議員」）らと、同庁長官や農水省幹部らとの面談記録など、一九九六〜九九年 | 面談録を保有しているか否かの事実が公になれば、捜査にかかわる情報を開示することになり、被疑者・被告人側の防御を容易にし、証拠隠滅などを招くおそれがある | 文書が存在すると答えても、必ずしも特定の職員と特定の相手方とが一定の内容の面談などをした事実まで明らかになるとは言えない＝十五年度（行情）１２４ |
| 厚生労働省 | 特定の地方労災医員の氏名、住所の載った地方労災医員委嘱関係文書 | 本件請求は、特定の者が地方労災医員であることを前提に行うものであり、その存否を答えることは、当該者が地方労災医員であるか否かを明らかにするのと同様の結果となる。委嘱に際して、官報などで広報することはなく、氏名を公にしないこととしている | 医員は非常勤だが国家公務員として重要な地位を占め、労災保険行政の透明性の確保から氏名の開示は説明責任を果たすうえでも求められている。氏名は「慣行として公にすることが予定されている情報」にあたる。法令上、氏名を公にしないとの根拠もない。これまでの扱いを不開示の根拠として正当化はできない＝十三年度　１７２ |
| 検察庁 | 明治三十九年検務事件簿中の石川啄木（答申では「特定個人」）にかかる記載部分 | 約十九年前に公開され、その写真が載った書籍が図書館に備え付けられているとしても、偶発的な事情で公になっているに過ぎず、五条一号のただし書きにいう「慣行として」公にされているものといえない | 故人の犯罪歴は本人が著作物で明らかにし、ゆかりの企画展で処分庁自らが出品協力者として対象文書を提供するなど、犯罪歴の有無は慣行として公にされている情報にあたる＝十三年度　００９ |
| 厚生労働省 | 労基署が出した行政指導文書とこれに対する是正報告書 | 会社を特定した開示請求で、対象文書の存否を答えると、行政指導がされた事実の有無を示すことになり、実際に法令違反を犯していた会社であるかのような誤解を生じさせ、信用低下を招くなどのおそれがある | 監督の結果、行政指導を受け、是正の報告をすることは必ずしもまれではなく、指導などがあった事実だけではただちに社会的イメージの低下を招くおそれなどがあるとは認められない＝十四年度（行情）３７９ |

| | | | |
|---|---|---|---|
| 厚生労働省 | 労働者の責に帰すべき事由に基づく解雇予告除外認定申請書 | 認定申請の事実の有無を示すと、労働者が犯罪などの不祥事を起こして解雇された事実を開示することになり、使用者がモラルの低い労働者を雇っているなどの印象を取引先などに与えるおそれがある | 申請に対し認定されるのは八割程度で、「労働者の責に帰すべき事由」は必ずしも犯罪など不祥事を起こした場合に限られない。犯罪行為にあたる場合でも、使用者のモラルや事業体質などの評価に結び付けられるのは特殊な場合である＝十四年度（行情）４６１ |
| 社会保険庁 | 特定歯科医院のレセプト請求の保険者への返還内訳書とその特定個人分 | 特定の保険医療機関に個別指導がされ、自主返還をした事実が明らかになると、患者確保などで不利な影響が出る可能性が高くなる | ある程度の信用低下は否定できないが、明らかになるのは個別指導を受けたなどの事実の有無であって、具体的な指導内容や返還金額などまでは明らかにならない。監査対象ではないので、二重請求などの不正が疑われるおそれもなく、不利益の程度は受忍すべきものだ＝十五年度（行情）２６０ |
| 国税庁 | 特定地番の土地の収用に関して譲渡所得の特例適用を鈴鹿市と税務署が協議した文書 | 文書の存否を答えるだけで、特定の個人が所有する土地について収用などが予定されているという五条一号、六号の不開示情報を示すことになる | 国税庁からの公の通知文は、事業施行者が税務署と事前に協議することを求めており、協議をした事実の有無は五条一号ただし書きの「慣行として公にすることが予定されている情報」にあたる。登記簿の記載から、土地の所有権が売買を原因として移転したこと、地目が公衆用道路に変更されていたことも明らかだ＝十五年度（行情）１３２～１３３ |
| 総務省 | 特定期間に特定の郵便局の職員に執行された懲戒処分にかかる処分説明書 | 特定期間に特定の郵便局の職員に懲戒処分がなされた否かを答えると、関係者は処分対象の行為があったことなどは知っているので、被処分者を特定することが可能となり、権利利益を害するおそれがある | 対象文書の存否を答えても、特定の職員が懲戒処分を受けたことを明らかにすることにはならない。仮に職場の詮索で被処分者をおおよそ推測できても、処分の具体的な内容までが明らかになるものではない＝十五年度（行情）２１４ |

## 表2　不服申し立てを受け、行政機関が存否応答拒否を取り消した例

| 請求先 | 請求文書 | 取り消した経緯とその主な理由 |
| --- | --- | --- |
| 内閣府 | 特定の土地家屋調査士の懲戒処分にかかる聴聞調書・報告書 | 原決定は、特定個人が懲戒に付された事実の有無は五条一号の個人情報であって、文書の存否を答えると不開示情報が開示されるのと同じことになるとした。しかし、法務省が再検討した結果、請求文書名に特定の個人名が記されていないので、文書の存在を認めて一部開示決定に変更した＝十五年度（行情）０６６ |
| 内閣府 | 労災保険給付申請に対する不支給決定通知書 | 神奈川労働局は、通知を受けた者以外には知り得ない特定の文書番号や年月日と同番号との組み合わせによって開示を求めたもので、文書の存否を答えるだけで給付を請求した被災者を識別することになるとした。しかし厚労省は、諮問後に出た他の答申の趣旨から、請求文書名に特定の個人名が記されていないので、存否応答拒否を不開示理由から外した＝十五年度（行情）３７５ |
| 林野庁 | 医療用具承認申請書の差し戻しの調査報告書 | 存否を答えるだけで、当該法人などが承認などの申請をしているか否かを明らかにし、その競争上の地位その他正当な利益を害するおそれがあるとして存否応答拒否をしたが、審査会の指摘で、請求文書名に特定の法人などの名称は記されておらず、存否を明らかにして一部開示決定に変更した＝十五年度（行情）２５３ |

## 表3　不服申し立てを受けたあと、なすべき存否応答拒否をしなかった誤りに気づいた例

| 請求先 | 請求文書 | 誤りと気づくまでの経緯 |
| --- | --- | --- |
| 総務省 | 特定の個人が近畿郵政局の不開示決定の取り消しを求めるにあたって、不服申し立てができるか、その期限について教示を求めた文書と回答書 | 特定の個人が行政庁に何らかの請求をするという情報は、五条一号の不開示情報として保護されるべきものなので、異議申し立てを受けた総務省は、部分開示とした原決定は誤っていたとして、存否応答拒否によって不開示とすべきだったとした＝十五年度（行情）０６８ |
| 厚生労働省 | 特定個人の退職に伴って交付された離職票の補正確認手続きに関して、離職票を交付した職業安定所が、受理した職業安定所に送った回答書 | 原決定は、文書はかつては存在したが現在は保有していないとして不開示としたが、厚労省は、文書の存否を答えるだけで特定個人が特定の会社に雇用され、その後、離職した事実の有無という五条一号の不開示情報を開示することと同じ結果を生じるので存否応答拒否をすべきだったとした＝十五年度（行情）３５２ |
| 林野庁 | 医療用具承認申請書の差し戻しの調査報告書 | 存否を答えるだけで、当該法人などが承認などの申請をしているか否かを明らかにし、その競争上の地位その他正当な利益を害するおそれがあるとして存否応答拒否をしたが、審査会の指摘で、請求文書名に特定の法人などの名称は記されておらず、存否を明らかにして一部開示決定に変更した＝十五年度（行情）２５３ |

# 第八章　法の及ばぬ「聖域」は解消せよ

## 膨大な数の「対象外」文書

原則公開の情報公開法は、例外の不開示情報とは別に、はじめから同法の対象から外す分野の文書を定めている。そんな特別扱いの文書とはどんな分野のものか。

まずは、法第二条2項で対象から除かれた以下の「対象外」文書。

「一　官報、白書、新聞、雑誌、書籍その他不特定多数の者に販売することを目的として発行されるもの

二　政令で定める公文書館その他の機関において、政令で定めるところにより、歴史的若しくは文化的な資料又は学術研究用の資料として特別の管理がされているもの」

上記二のおもな機関は表1の通り。(注1)

一の文書に情報公開法の適用が不要なのは明らかだが、二の文書については、法要綱案を提言した行政改革委員会は、「要綱案の考え方」のなかで次のように記している。(注2)

「公文書館、博物館、国立大学等において、歴史的若しくは文化的な資料又は学術研究用の資料としての価値があるために特別に保有されているものは、できるだけ一般の公開に付されるべきであるが、貴重資料の保存、学術研究への寄与等の観点からそれぞれ定められた開示範囲、手続等の基準に従った利用にゆだねるべきであり、対象文書とすることは適当でない。

このような考え方から、本要綱案では、一般に容易に入手することができるもの又は一般に利用することができる施設において閲覧に供されているもの及び公文書館等において歴史的若しくは文化的な資料又は学術研究用の資料として特別に保有しているものを、開示請求の対象から除くこととした」

そうした対象外の文書としては、たとえば外務省外交史料館では幕末までさかのぼる戦前期のファイルが四万八千冊、一九七六年から十九回になる外交文書公開制度による公開文書がファイル一万二三〇〇冊、情報公開法による請求で公開した文書の中で資料価値の高いもの約千五百点一万九千ページがあり、さらに本省から順次移管されてくる文書も加わる。防衛研究所の戦史史料は陸軍関係八万一千冊、海軍関係三万五千冊、というように膨大な数にのぼる（二〇〇四年四月現在）。

## 二十二の法律の分野で情報公開法は「適用外」

一方、登記や特許手続きなどによって公に表示したり、証明したりする公簿などの謄本・抄本などは、情報公開法で不開示情報となる個人情報や法人情報が含まれているため、情報公開法を適用せず、長く扱ってきたそれぞれの不動産登記法や特許法にゆだねている。また、戸籍の届けなどはプライバシー保護と公証の働きを両立させるなどで特別なシステムがとられており、同様に戸籍法に任せた。一方、行政機関が取得した著作物については、情報公開法に基づいてコピーを交付するとき、未公表のものなどの場合に著作権者の権利を守るための要件を著作権法に特別に設けている。

こうした「適用外」は、法律の上では、情報公開法の施行にあわせて関係法律の整備法(注3)が制定され、これによって計二十二の法律と著作権法がそれぞれ改正された。その中には、あらためて情報公開法を適用すると、閲覧や写しの交付の手続きがかえって煩雑になり、日時もかかるといった事情を考慮したものもある。

情報公開法と関係法律とのこうした調整も、行政改革委員会が要綱案とその考え方で求めたものだ。そのなかで、以下の指摘に注目すべきである。

「調整措置を講ずるに当たっては、情報公開法の適用について何らかの特例を認める場合にも、本法の趣旨に反しないことを基本とした上で、本法を並行的に適用すると個別法に基づく事務の適正な遂行に支障が生ずる特別の事情があるかどうか、特例を認める文書（情報）の範囲等が法律上明確にされているかどうかなどの点について個別に検討することが必要である」

## 開示請求権の及ばない対象外文書

では、同法が二〇〇一年四月施行から四年を超えたいま、その運用を見た場合、「対象外」「適用外」の文書について、「法の趣旨に反しないこと」が基本となっていたかどうか。個別の法律ごとのデータは筆者には不足しているので、朝日新聞記者たちが公開請求した「歴史的資料」と、「適用外」となった刑事訴訟法の関係文書をめぐる事例を中心に見ていきたい。

防衛庁は〇三年二月、防衛研究所図書館史料閲覧室（東京・目黒）でそれまで一般閲覧用の目録に未掲載だった戦史史料約九千点の図書カードを公開した。同室の史料十一万点余は、表1にあるように、法の対象外の文書だが、図書カードは歴史的資料ではない行政文書だとして、記者が公開を求めた。同庁ははじめ、氏名や職名、階級、所属名が個人情報にあたるとして墨塗りとする部分開示にとどめたが、異議申し立てを受けて、情報公開審査会で審議中に一転、全面公開に踏み切った。同法が威力を発揮した。

中国戦線を指揮した岡村寧次大将の日記、南京事件の責任を問われて処刑された松井石根大将や谷寿夫中将の日誌など、陸海軍の中堅幕僚らの業務日誌や戦犯裁判にかかわる未公開史料が含まれていた。

旧日本軍による毒ガスなどの化学戦や細菌戦の実態を調べている吉見義明・中央大教授（日本近現代史）は、このカードの史料名などを手がかりに三点の史料の閲覧を求めた。一点は閲覧ＯＫとなり、青酸ガスを用いた人体実験について記述があると分かったのでコピーを申請したら、遺族の了解が必要として断られた。表題からやはり人体実験の記述がありそうな二点は、非公開文書として閲覧も不許可となった。

同閲覧室では、図書カードの公開前から原史料を公開できるかどうかのチェックを内部の審査委員会で順次進めている。〇四年四月時点で、公開が約三千八百点、非公開が約千六百点と振り分け、残りの約三千六百点は未審査だった。審査の基準は、歴史的資料の定義などを示す情報公開法施行令第三条(注4)に従っているという。非公開は、①個人情報、法人情報など同法五条一号〜三号の不開示情報が記録されている②一定の期間は公にしない条件で提供された③閲覧やコピーで原本が破損するおそれなどがある、の三種の理由に限られている。

しかし、吉見教授の場合は非公開の理由を知らされなかったという。法の対象文書であれば、非公開の決定通知にその理由を記すことが義務付けられている。対象外文書ではその仕組みがない。未審査なら待てばよいが、仮に上記の不開示の理由のいずれかであると説明を受けたとしても、吉見教授はそれ以上、打つ手がない。

同法の対象文書であれば、「公開しても個人の権利利益を損なうかどうか疑わしい」「公開することの公益性がきわめて大きく、少なくとも部分公開ができる」などと異議を申し立て、審査会で不開示の当否を争うことができる。情報公開法は何人にも行政文書の開示請求権を認めているから、開示を拒まれれば、行政不服審査法で異議を申し立てる資格が生まれるからだ。法施行から〇四年三月末までに審査会が出した答申千五百三十五件のうち、省庁の判断の全部または一部が妥当でないとす

表1　歴史的資料などが情報公開法の対象外とされるおもな機関

| | |
|---|---|
| 国立民族博物館 | |
| 国立歴史民俗博物館 | |
| 宮内庁 | 書陵部 |
| | 三の丸尚蔵館 |
| | 正倉院事務所 |
| 防衛庁防衛研究所図書館史料閲覧室 | |
| 外務省外交史料館 | |
| 国税庁租税史料館 | |
| 国立大・短大・高専付属図書館 | |
| 国立大付属博物館・史料館・美術館 | |
| 国立研究機関図書室 | |
| 国文学研究資料館史料館 | |
| 日本芸術院展示室・保管庫 | |
| 国土地理院地図と測量の科学館 | |

るものは六百七件と三九・六％にのぼったが、対象外の文書ではその資格がない。

## 同一文書なのに対象なら公開、対象外なら非公開

政府機関が作成・取得した文書なのに、そのような扱いの違いのあることが、明確な矛盾として表れたのが、終戦直後に行われた昭和天皇とマッカーサー連合国軍総司令官の会見記のケースである。

記者が同法の施行と同時に、関係省庁の外務省と宮内庁に公開請求した。これに対し、両省庁とも第一回分の記録を保有していることを認め、ともに不開示を決定したが、その理由で分かれた。

外務省は、行政文書として扱い、公にすれば、米国との信頼関係を損なうなどのおそれがあると認められるから、同法第五条三号の不開示情報などにあたるとした。ところが、宮内庁は、その文書は書陵部の管理する「歴史的資料」であって、同法の対象外だとした。

記者は、両省庁に異議を申し立てた。あわせて宮内庁に対し、書陵部が管理する文書の閲覧を同庁の閲覧規則によって申請したが、施行令にある外務省と同様の法第五条三号にあたる不開示理由などをもとに同庁は不許可とした。異議申し立てはともに審査会に諮問されたが、審査会はまず、宮内庁分について、対象外を理由とした不開示は妥当と答申した。[注5] これで記者は、宮内庁分について訴訟の道以外には断念せざるを得なかった。

ところが、九カ月後、審査会は外務省分について、全部を公開するよう同省に答申した。[注6] その理由は、①会見から半世紀以上もたって国際情勢は大きく変わった②二人が亡くなって何年もたっている③天皇は当時、外交も含め行政権を統括・保持していた④歴史的重要性から会見に国民的関心が高い——などとするものだ。

外務省は、この答申に従って、同省のA４判用紙九枚に和文タイプされた記録を公開した。[注7] これを受けて、宮内庁も「守るべき法益がなくなった」などとして公開せざるを得なかった。[注8] 同庁の文書は、用紙やタイプ文字か

ら外務省分のコピーとみられるものだった。

## 「対象外」文書の未整理を審査会がしかる

同様に、記者の公開請求に対し、同法の対象外とした不開示決定を審査会が妥当とした書陵部の管理する文書は表２の通りだ。

しかし、このうち、大正天皇の日々の動静を記す「大正天皇実録」に関する答申（注９）は、決定の妥当性から一歩踏み込んで、書陵部の文書管理のあり方にも言及した。

「歴史的資料については、原則として一般の利用に供する仕組みがあることを前提に、開示請求の対象である行政文書の範囲から除外した法の趣旨にかんがみ、本件文書についての利用制限事項に係る精査は、できる限り速やかに行い、順次公開すべきものである」

大正天皇実録は法の対象外とされたが、審査会の指摘を受けた宮内庁は答申にあわせ、整理・審査が順次すみ次第、公開する方針を表明。翌〇二年三月から公開を始めた（注10）。ただ、第一回分では非公開の墨塗りが百四十一カ所もあって、歴史研究者らの批判を招いた。それでもなお、法の対象外であるため、その当否が審査会で争われることはない。

また、資料の審査、整理の遅れぶりについては、大正天皇実録についての答申と同時に出された書陵部関係の別の答申（注11）が具体的な数字をあげた。「保存文書にあっては、確認または推計ができる約六万五千五百点のうち、約四万五千点およびこのほかに点数の推計が困難な文書が未整理であり、皇室用図書にあっては、約四十万八千五百点のうち約六万二千六百点が未整理となっている」

表２　情報公開法の対象外と審査会が認めた文書のおもな例

| |
|---|
| 宮内庁書陵部の歴史的資料 |
| 大正天皇実録 |
| 昭和天皇マッカーサー第１回会見記 |
| 1945,46 年開催の皇族会議議事録 |

不開示の当否を争えないうえ、未整理の文書も多いというのでは、法対象の文書との扱いの差はいっそう大きく、いよいよ対象外の規定の当否が問われることになる。宮内庁によれば、〇四年四月初めで、保存文書については整理が進み、五万一千点のうち目録整備済みは三万九千点に達したが、なお未整理も相当数が残る。皇室用図書の整理はその後は進まず、四十万九千点のうち目録整備済みは三十四万九千点。

## 捜査資料や刑事訴訟記録は「聖域」か

前述のように、政府の法解説書で[注12]、「文書の公開・非公開の取扱いが当該制度内で体系的に整備されているものについては当該制度に委ねる」こととした代表例は、刑事訴訟法だろう。情報公開法がその別建てを認め、刑訴法が、訴訟に関する書類・押収物については情報公開法の規定は適用しないと明記したため[注13]、情報公開審査会も、表3にあるような文書について適用外を理由に不開示とする決定をほとんど一本調子で支持している。

だが、「国民主権の理念にのっとり（中略）政府の有するその諸活動を国民に説明する責務が全うされるようにする」という法律が、捜査資料や刑事訴訟記録にまったく適用されなくてもいいのか。国民の監視の目が届かなくてもいいのか。そんな根本的な疑問は、情報公開法の法案を審議した国会議員らからも出た。

政府答弁はこうだった――訴訟に関する書類は、情報公開法で不開示情報となる個人情報などが大部分である。刑事司法の手続きの一環として作成されるもので、その適正確保は裁判所の判断に任せるべきだ。そもそも、開示・

表3　情報公開法の適用外と審査会が認めた文書のおもな例

| |
|---|
| 「和田心臓移植事件」の捜査関係 |
| 　医学鑑定書・供述調書 |
| 　捜査報告書・不起訴裁定書 |
| 戦前・終戦直後の軍法会議の訴訟関係記録 |
| 薬害エイズ刑事事件の押収品目録交付書 |
| 水俣病刑事事件の捜査・公判中の押収文書 |
| 狭山事件の証拠金品総目録 |
| 告訴状に対する不起訴処分通知書 |

不開示の要件、手続きについて完結的な制度がすでに確立している、(注14)と。

それは、はたして事実か。

記者は、三十数年前の「和田心臓移植事件」について、札幌地検などに対し、医学鑑定書や供述調書、最高検などへの捜査報告、不起訴と決めるための裁定書案などを公開請求した。日本で最初の心臓移植手術で、当時、執刀医が殺人罪で告発されるなど社会問題となった。臓器移植法ができたいまも、医療現場の密室性がしばしば指摘される。二人の患者をめぐる当時の脳死判定や移植の妥当性はどうだったのか。公開の公益性は高いと考えた。

「訴訟に関する書類」は、刑訴法では第四七条に「公判の開廷前には……公にしてはならない」書類として、第四〇条には弁護人が起訴後に閲覧・コピーできる書類として登場するが、ともに公判を前提とした規定だ。ほかには、裁判が終わった「訴訟記録」の閲覧規定があるだけだ。不起訴事件の記録はどうなるか。明文の規定はない。

だが、検察側はどの請求文書についても「適用外」を理由に不開示を決定。異議申し立てを審査会に諮問し、提出した理由説明書ではおおむね、「捜査は公訴の提起・追行のための手続きであって、鑑定書や供述調書、捜査報告書などは、捜査の過程で作成・取得されたものであるので、訴訟に関する書類に該当するのは明らかだ」とした。

## 「完結的な制度」は機能しているか

そこで、記者は「開示・不開示の要件、手続きについて完結的な制度が確立されている」かどうかを検証するため、〇一年七月、同僚記者に札幌地検で刑訴法による閲覧の申請に出向いてもらった。以下は、その記録のあらましである。

**記者**　「和田移植」の刑事記録を閲覧したい。

**職員**　特別処分記録として保管しているが、不起訴事件なので閲覧の対象とならない。将来の捜査、公判のための資料として残している。不起訴記録は交通事故の実況見分調書など限られたもの以外は公開していない。記録には個人のプライバシーに関するものも含まれ、公開はできない。

**記者**　刑訴法五三条に「何人も、刑事事件の終結後、訴訟記録を閲覧できる」とある。非公開はこの趣旨に反する。

**職員**　不起訴処分の記録は五三条にあたらない。

**記者**　では、公判前に公にしてはならないとする四七条に基づく判断か。

**職員**　そうだ。

**記者**　四七条には「公益上の必要その他の事由があって、相当と認められる場合は、この限りでない」ともある。日本の臓器移植の導入に大きくブレーキをかけた事件だから、公開の公益性は十分にある。

**職員**　まったく非公開というわけではなく、専門の医師には許可されるかもしれない。検事が判断する。

**記者**　その根拠がわからない。将来の公判の資料と説明されたが、時効になっているから再捜査や再審があるとは考えられない。年数も相当たち、公開できるのではないか。たんに参考資料なら、閲覧はもっと可能ではないのか。いまも使い道はあるのか。

**職員**　同様の医療裁判が起こったら、貴重な参考資料となる。

**記者**　では、閲覧の申請をさせていただく。

**職員**　公開対象ではないので、申請をしてもらうわけにいかない。
**記者**　申請ができないと、不服も申し立てられない。
**職員**　公開を求める訴訟を起こしてはどうか。

結局、「門前払い」だった。申請の受理すらしてくれないと、閲覧不許可の当否を争うこともできないではないか。この件を担当した審査会第一部会にこの体験記録も提出したが、答申(注15)は適用外の不開示決定を妥当とするだけで、刑訴法に基づく開示・不開示の要件、手続きの制度の完結性には触れずじまいだった。

## 公開の公益性に言及する答申も

ただ、記者の請求ではないが、表3にある「薬害エイズ刑事裁判に関して検察庁から厚生省に交付された押収品目録の不開示決定に関する件」では、担当した審査会第二部会は答申(注16)の結論では、適用外を理由とした不開示決定を妥当としたものの、なお書きで「完結的な制度」に以下のように注文を付けた。答申によれば、請求者・異議申立人は、薬害エイズの裁判で国と製薬企業を相手にその責任の明確化と謝罪を求めてきたが、民事裁判、刑事裁判、国会審議を通しても真相が明らかにされず、情報公開法によって事実の解明を求めたという。

答申は、なお書きで、刑事訴訟関係書類の開示についての刑訴法と刑事確定訴訟記録法の関係規定をあらためてすべて列挙したうえで、「被押収者の所有する本件押収目録については、上記のように、情報公開法の適用対象外となることはやむを得ないと解するが、薬害エイズ問題の被害の甚大さに思いを致し、今後、同様の被害を繰り返さないためにもその関係資料等を公にすることについては、上記の各規定に基づいて別途開示の可否が判断されるべきであると思料する」

注文は遠回しな言い方ではあるが、公開による高い公益性が認められる書類の開示について関係法律がまっとうに機能するよう関係当局に求めている。

これを筆者なりに言い換えれば、そうしたケースで刑訴法などがまっとうに機能しないのであれば、「訴訟に関する書類」を一律に情報公開法の適用外とした法体系の妥当性が問われることになる。

## コピー不許可に損害賠償を求める訴え

刑事訴訟記録の開示・不開示の要件、手続きの制度の完結性に疑問を投げかけるこんなケースもある。

東京都内に住む武藤久資さん（四三）は二〇〇四年一月、国を相手取ってロッキード事件の刑事記録のコピーが不許可となったことによる損害賠償を請求して東京地裁に提訴した。二十年以上前にこの裁判の傍聴を始めたのをきっかけに関心を持ち、裁判が終結したあとの一九九六年、刑訴法の関連法である刑事確定訴訟記録法に基づいて東京地検に丸紅ルートの訴訟記録の閲覧を申請して許可された。記録は膨大で、メモを取っていては時間がかかりすぎるため、コピーを請求した。だが、同地検は二〇〇〇年八月、コピーを不許可とした。事前にその必要性について説明を求められ、弁護士や学者と研究を進めたいと回答したら、個別の請求者ごとに必要性を判断すべき法の趣旨から外れており、閲覧とメモを取ることで細部の確認はできるとして不許可とされた。

武藤さんは、不許可は違法だとして東京地裁に準抗告を申し立てたが棄却され、最高裁への特別抗告も棄却となった。刑事確定訴訟記録法ではコピーの請求権は認められていないという判断理由だった。

これは、大阪府が政治資金規正法に基づく政治資金収支報告書のコピーを不許可とした処分の取り消しを主婦が求めた裁判で、最高裁がこれを棄却したときの判決の判断理由と基本的に同じ理屈だ。(注17) ただ、こちらのほうは、その後の情報公開法の施行に伴ってコピーはＯＫとなった。(注18) 情報公開法は、コピーの時代を背景に、文書開示の手段として閲覧、コピーのどちらをも選べる仕組みが条文に明記されているからだ。武藤さんも新たな裁判で、「現代の情報流通の飛躍的な速さに追い付く唯一の手段であるから、閲覧とコピーとは不可分一体の関係にある」などと訴えたが、〇四年九月、東京地裁は訴えを退けた。(注19)控訴審で東京高裁も〇五年四月、訴えを棄却したため、武藤さんは上告を断念した。

## 情報公開法の趣旨を生かす抜本改正を

このように見てくると、たしかに刑事訴訟記録については個人のプライバシーにかかわる情報が多いものの、行政改革委員会が要綱案の考え方で注意を喚起したように、公開による公益性との両立を図るため、刑事訴訟記録も情報公開法の対象とするのと引き換えに、新たな不開示情報の例外規定を設けるか、著作権法の改正にならい、情報公開法と両立するような刑訴法や刑事確定訴訟記録法の改正をすることによって、開示・不開示の要件、手続きについてより完結した制度を確立すべきではないか。

武藤さんが会員となっている弁護士、市民らの「自由人権協会」（東京）は、情報公開法ができる二十年以上も前、いち早く同法試案をつくったことで知られる。同協会はこんどは「刑事記録公開法」の要綱案を発表している。(注20)これも改革の一つのやり方かもしれない。

対象外とされている歴史的資料についても、同様の考え方によって、公開請求の手続きは簡略にするとしても、開示請求権が及ぶようにするなど、情報公開法の趣旨が反映され、生かされるようにすべきである。

注1　個別機関の名称、所在地の一覧は総務省ホームページにも掲載

注2　前出の「情報公開法制の確立に関する意見（行政改革委員会）」

注3　正式には「行政機関の保有する情報の公開に関する法律の施行に伴う関係法律の整備等に関する法律」。総務省ホームページ
注4　総務省ホームページ
注5　答申番号・平成十三年度081
注6　十四年度181
注7　朝日新聞、二〇〇二年十月十七日夕刊
注8　朝日新聞、二〇〇二年十月二十三日付朝刊
注9　十三年度072
注10　朝日新聞、二〇〇二年三月二十九日付夕刊「『大正』元号、出典は『易経』天皇実録の一部公開」など
注11　十三年度076
注12　前出『詳解　情報公開法』の7ページ
注13　刑事訴訟法第五三条の二
注14　一九九八年五月十五日、第百四十二国会衆議院内閣委員会議録第九号
注15　十四年度029〜046
注16　十三年度057
注17　一九九五年二月二十四日、最高裁判所民事判例集四九巻二号五一七ページ。朝日新聞、同日夕刊、「政治資金収支報告書のコピー不可　逆転判決で主婦敗訴　最高裁」
注18　朝日新聞、二〇〇〇年八月十九日付朝刊、「大阪府選管、政治資金の収支報告書コピー交付　自治省は禁止通知」。同、二〇〇一年三月三十日付朝刊、「政治資金収支報告書『コピー禁止』、総務省が撤回」

注19　朝日新聞、二〇〇四年九月三十日付朝刊

注20　自由人権協会のホームページ http://www.jclu.org/ に掲載

# 第九章　「利用しやすい」手数料の実現には

## 条文はきれいごとをうたうが

国の情報公開制度は、政府に「その諸活動を国民に説明する責務」を全うさせることを目的とするが、[注1]一般の手数料と同様、受益者負担の考えに立って利用者から一定の手数料を徴収している。だが、利用者にとってその費用負担が重すぎては、せっかくの制度も「絵に描いた餅」となりかねない。だからこそ、手数料について定めた情報公開法第一六条は、以下のように、政府に対して「できる限り利用しやすい額とするよう」求めている（第2項）。

第一六条

「開示請求をする者又は行政文書の開示を受ける者は、政令で定めるところにより、それぞれ、実費の範囲内において政令で定める額の開示請求に係る手数料又は開示の実施に係る手数料を納めなければならない。

2　前項の手数料の額を定めるに当たっては、できる限り利用しやすい額とするよう配慮しなければならない。

3　行政機関の長は、経済的困難その他特別の理由があると認めるときは、政令で定めるところにより、第1項の手数料を減額し、又は免除することができる。

まっとうなことを言っている第2項だが、もともとこの項は、行政改革委員会の「情報公開法要綱案」[注2]にも、政府の法案にもなかった。要綱案は次のように法の1項、3項の骨子を示しただけだ。

「第一五　手数料

一　行政文書の開示に関する手数料は、実費を勘案し、政令で定めるところによるものとすること。

二　行政機関の長は、経済的困難その他特別の理由があると認めるときは、その手数料を免除し、又は減額することができるものとすること」

ただ、要綱案に付された「情報公開法要綱案の考え方」（以下「考え方」）には「政令の策定に際しては、利用しやすい金額とすることに留意すべきである」とあった。法案の国会審議の段階で与野党協議によって、「考え方」のこのくだりは条文に引きあげられて明記された。与野党ともに重要と考え、こだわったのである。

また、この「考え方」の趣旨を踏まえ、要綱案の一項にある「実費を勘案し」の文言も、政策的配慮ができるように法の1項では「実費の範囲内において」と書き改められた。(注3)

では、要綱案が政令に託した手数料と額を政府は実際にどう定めたか。

## 請求するだけで手数料

要綱案と法の条文とを見比べて分かるように、政府はまず、「開示請求に係る手数料」（以下「請求手数料」）を導入し、法の条文に明記した（第1項）。その額を政府は施行令(注4)によって、一件の請求につき三百円とした。公開請求するだけで徴収される手数料だが、要綱案には具体的な費目として示されていなかった。「考え方」も同様だが、手数料を徴収する根拠を以下のように説明していた。

「開示請求権制度の運用には、相当の労力と費用を要するので、開示請求者に、その公平な負担が求められる。手数料の金額、徴収方法等は、技術的な問題を多く含むため、本要綱案では、行政文書の開示に関する手数料は、実費を勘案し、政令で定めるところによることとした」

与党・自民党と政府は、これをもとに文書の閲覧、写し交付の手数料だけでなく、請求手数料を創設したのである。その理由について、政府の解説書は次のように説明する。

「行政機関が開示請求を受けてから、開示決定等の通知書の発出までに要する費用について、その適切な負担

を開示請求者に求めるものである」(注5)

つまり、窓口や郵便で開示請求の書類を受け付け、文書特定の補正を面談や電話で請求者に求め、請求書類を担当課に回し、担当課で該当文書を探索し、文書が見つかれば不開示とすべき情報の有無をチェックし、その結果を記す開示・不開示の決定書を作成して請求者に郵送する――そのような作業に人件費や光熱費、用紙・印刷代、通信費などがかかるというわけである。

それはその通りだが、それらの費用を請求者に負担させるのか、説明責任を果たす政府の本来の仕事として一般財源から支出するのかは別問題だ。

しかも、この請求手数料の創設には、請求の濫用を防ぐ別の狙いもあった。

政府案と野党案のすり合わせが大詰めを迎えた衆議院内閣委員会で、自民議員が「我が党としての最後の案をとりまとめるに至った」として提案するなかで、請求手数料について以下のように述べている。(注6)

「開示請求をする者がその請求により必要となった事務諸経費を負担するのは、当然、受益者負担の原則からいってもしかるべきだと私は思っております。さらに乱用防止の点につきましても、私どもは、この手数料はどうしても徴収する必要があると考えるのであります」

また、参議院総務委員会の質疑で当時の太田誠一・総務庁長官は「濫用防止を直接の目的としているわけではないわけでありますが、あるいは結果としてはそういうこともあり得るかもしれないと思っております」と答えている。(注7)

そして、前掲の両委員会の付帯決議(注8)は、そろって以下のように記した。

「手数料については、情報公開制度の利用の制約要因とならないよう、実費の範囲内で、できる限り利用しやすい金額とすること。ただし、本制度が濫用されないよう十分配慮すること」

## 追随する自治体はひと握り

日本の情報公開制度は一九八二年に山形県金山町、翌年に神奈川県が条例を施行して以来、二十年以上の歴史を刻むが、請求手数料の創設は国が初めてだった。しかも、表1の通り、いまなお四十七都道府県すべてがこれを採用していない。十三の政令指定都市でも、神戸市が商業目的の請求と、市内に通勤・通学もしていない市外在住者による請求に限ってそれぞれ一件千円、三百円を徴収しているのが唯一だ。都道府県では、情報公開法が警察庁も対象としたのを受けて、相次いで県警などを対象に含める条例改正をしている。その機会にも請求手数料で国に追随したところはなかった。市区町村も二〇〇四年四月現在で九三%にあたる全国二千九百三団体で条例・要綱が制定されているが、(注9) NPO・情報公開クリアリングハウスによれば、請求手数料を設けているのは神戸市、埼玉県三郷市（一件百円）のほかは聞かないという。

法案を通した国会は請求手数料を認めたが、これについて衆参両院とも前記のそれぞれの付帯決議のなかで同趣旨の以下の注文を付けた。

「開示の実施に係る手数料の額を定めるに当たっては、実質的に開示請求に係る手数料に相当する額が控除されたものとなるようにすること」

政府は決議に従って、施行令にこの方式を組み込んだ。(注10) つまり、文書を開示するときは、徴収ずみ請求手数料の額三百円を上限として、これを閲覧あるいは写しの交付に必要な手数料、コピー代に転用するのである。

だが、利用者の負担を少しでも減らそうとの付帯決議の趣旨は理解できても、対象文書の不存在や全面不開示の場合は負担減はないなど、法律の運用として不公平感は否めない。

## 突出する閲覧手数料、コピー代

もう一方の「開示の実施に係る手数料」。細目は、写しについては媒体の種別に応じてきわめて多岐にわたる。個別には施行令を見ていただだたい。ここでは、利用頻度の高い媒体を代表例として選び、請求手数料と同様、表1に都道府県、政令都市の手数料を並べて比較し、国の手数料には「できる限り利用しやすい額」とする配慮が実際になされているかを見よう。

最初に、文書を見るだけの「閲覧」手数料から。

国は百枚までごとに百円を徴収する。

一方、自治体では請求手数料と同様、ほとんどが軒並み無料だ。有料は都道府県で東京都と香川県だけ。政令都市にはない。東京都も一枚につき十円をとるが、開示文書一件につき百円を限度としている。つまり十枚までは枚数に応じて額は上がっていくが、十枚を超えるとそれ以上何枚あろうが一律百円止まり。香川県は初めから枚数に関係なく、文書一件につき一律二百円。国が枚数に応じて百枚までごとに際限なく上がっていくのとは大違いである。

こんどは写しの代金。まず、もっとも利用の多いA３サイズまでの用紙による白黒コピー代で見ると、国は一枚二十円だ。一方、自治体では半額の一枚十円が圧倒的に主流である。ここでも東京都と香川県だけが目立って割高で、どちらも一枚二十円のコピー代のほかに、東京都は文書一件につき百円を限度に一枚十円を、香川県は文書一件につき二百円をそれぞれ上乗せ徴収する。国と同額は山梨、島根、広島、福岡の四県だけで、政令市はすべて一枚十円である。

文書のカラーコピーは、国は原則として対応していない。つまり、請求者には白黒コピーで我慢してもらう。施行時にカラーコピー機が配備されておらず、施行令に額を載せようがなかった。都道府県、政令市で対応していないのは群馬県だけだから、国は遅れているとしかいいようがない。

次に電磁的記録の文書。

フロッピーディスクによる写しの手数料は、国はディスク一枚八十円に、情報量〇・五メガバイトまでごとに二百二十円が加算される。最低でも三百円は徴収されることになる。

都道府県、政令市では表1のように、対応できるところでは、業者からの年度ごとの購入単価をもとにした実費とするところを含め、一枚ごとの手数料だけを徴収するのが大勢だ。施行規則などに明示された額は、一枚二十円が最も安く、神奈川、岡山、高知、大分の各県。国の最低額の十五分の一である。ただ、大分県は五〇キロバイトごと十円の加算があり、そう安くはない。続いて一枚三十円が青森、福島、静岡、愛知、兵庫、愛媛、沖縄の七県と札幌、名古屋、神戸、福岡の四市で、いずれも加算はない。高いほうは栃木、広島両県の一枚二百円、富山県の百五十円などがあるが、これらも加算はないので国の最低額より安い。情報量のバイト数で加算するのは大分県と、国にそっくり追随した山梨県だけだ。文書一件ごとに手数料を取ったうえ枚数ごとに加算するのは、一件百円（ただし一枚三百円が上限）に一枚ごと百円を加算する東京都と、一件二百円に一枚ごと百円を加算する香川県。ほかに、茨城県は一枚百円だが、一枚に二件以上をコピーするときは二件目から一件五十円を加算する。

ＣＤ‐Ｒでの写しもそれぞれ、おおむね同様の徴収方式だ。国は一枚二百円に〇・五メガバイトまでごとに二百二十円が加算される。最低でも四百二十円。表を見ての通り、多くの自治体に比べ、算定方式が異なる東京都や茨城、香川、大分の各県、国と同額の山梨県とともに際立って割高であることがわかる。

このように、国の「開示の実施に係る手数料」はどれをとっても、自治体に比べて突出して割高である。「できる限り利用しやすい額」とする配慮が払われているとはとても言えない。

| | | | | | | |
|---|---|---|---|---|---|---|
| 広島県 | なし | 無料 | 20円 | 窓口ごとの実費 | 200円 | FDか用紙に出力（対応できる場合は実費） |
| 山口県 | なし | 無料 | 10円 | 実費（窓口ごと） | 実費（本庁はじめ窓口ごと） | 実費（本庁はじめ窓口ごと） |
| 徳島県 | なし | 無料 | 10円 | 110円 | 80円 | 実費（購入単価） |
| 香川県 | なし | 文書1件につき200円 | 文書1件につき200円にA3までは写し1枚につき20円 | 文書1件につき200円にA3までは写し1枚につき100円 | 文書1件につき200円に1枚につき100円 | 文書1件につき200円に1枚につき300円 |
| 愛媛県 | なし | 無料 | 10円 | 60円 | 30円 | 60円 |
| 高知県 | なし | 無料 | 10円 | 50円 | 20円 | 実費（購入単価、今年度36円） |
| 福岡県 | なし | 無料 | 20円 | 100円 | 80円 | 200円 |
| 佐賀県 | なし | 無料 | 10円 | 40円 | 80円 | 250円 |
| 長崎県 | なし | 無料 | 10円 | 60円 | 70円 | 140円 |
| 熊本県 | なし | 無料 | 10円 | 30円 | 60円 | 300円 |
| 大分県 | なし | 無料 | 10円（ほかはA3換算で1枚30円） | 100円 | 20円に50キロバイトまでごとに10円 | 200円に50キロバイトまでごとに10円 |
| 宮崎県 | なし | 無料 | 10円 | 50円 | 60円 | 100円 |
| 鹿児島県 | なし | 無料 | 10円 | 30円 | 20円 | 実費（購入単価） |
| 沖縄県 | なし | 無料 | 10円 | A3未満50円、A3は80円 | 30円 | 実費（購入単価） |

| 政令都市 | 請求手数料 | 閲覧 | コピー代（断りのないものは1枚の料金、用紙はA3まで） | | | |
|---|---|---|---|---|---|---|
| | | | 用紙・白黒 | 用紙・カラー | フロッピーディスク（FD） | CD-R |
| 札幌市 | なし | 無料 | 10円（ほかは外注） | 100円 | 30円 | 120円 |
| 仙台市 | なし | 無料 | 10円 | 外注実費（購入単価） | 実費（購入単価） | |
| さいたま市 | なし | 無料 | 10円（ほかは実費） | 80円 | 用紙に出力用紙に出力 | |
| 千葉市 | なし | 無料 | 10円 | 50円 | 60円 | 100円 |
| 横浜市 | なし | 無料 | 10円 | 100円 | 100円 | 200円 |
| 川崎市 | なし | 無料 | 10円 | 30円 | 50円 | 実費（購入単価） |
| 名古屋市 | なし | 無料 | 10円 | 外注30円 | 150円 | |
| 京都市 | なし | 無料 | 10円（ほかは実費） | 100円 | 100円 | 可能ならFDか用紙に出力 |
| 大阪市 | なし | 無料 | 10円（請求者の同意でA4に統一） | 自己負担 | 70円 | 可能ならFDか用紙に出力 |
| 神戸市 | 商業的利用の請求1件につき1000円、市外在住者は請求1件につき300円（開示される場合は閲覧・コピー代に転用） | 無料 | 10円 | 100円 | 30円 | 100円 |
| 広島市 | なし | 無料 | 10円 | 100円 | 60円 | 可能ならFDか用紙に出力 |
| 福岡市 | なし | 無料 | 10円 | 30円 | 30円（持ち込みもOK） | FDか用紙に出力 |
| 北九州市 | なし | 無料 | 10円 | 100円 | 50円 | 可能ならFDか用紙に出力 |

2004年11月現在、ホームページ掲載の規則やガイドをもとに電話で確認した

表１　国・都道府県・政令指定都市の情報公開にかかる手数料

| 国<br>都道府県 | 請求<br>手数料 | 閲覧 | コピー代（断りのないものは１枚の料金、用紙はA3まで） | | | |
|---|---|---|---|---|---|---|
| | | | 用紙・白黒 | 用紙・カラー | フロッピーディスク（FD） | CD-R |
| 国 | ３００円（開示される場合は閲覧・コピー代に転用） | 100枚までごとにつき100円 | 20円（A2が60円、A1が110円） | 原則的には対応しない（施行令に定めがない） | 1枚につき80円に0.5メガバイトまでごとに220円を加えた額 | 1枚につき200円に0.5メガバイトまでごとに220円を加えた額 |
| 北海道 | なし | 無料 | 10円 | 70円 | 80円 | 200円 |
| 青森県 | なし | 無料 | 10円 | 60円 | 30円 | 50円 |
| 岩手県 | なし | 無料 | 10円（ほかのサイズは業者委託） | 60円 | 50円 | 150円 |
| 宮城県 | なし | 無料 | 10円 | 50円 | 実費（購入単価） | 実費（購入単価） |
| 秋田県 | なし | 無料 | 10円 | 100円 | 用紙に出力 | 用紙に出力 |
| 山形県 | なし | 無料 | 10円 | 自己負担 | 用紙に出力 | 用紙に出力 |
| 福島県 | なし | 無料 | 10円 | 100円 | 30円 | FDか用紙に出力 |
| 茨城県 | なし | 無料 | 10円 | 70円 | 100円。1枚に2件以上の複写は、2件目から1件50円を加算 | 350円。1枚に2件以上の複写は、2件目から1件100円を加算 |
| 栃木県 | なし | 無料 | 10円 | 自己負担 | 200円 | FDか用紙に出力 |
| 群馬県 | なし | 無料 | 10円 | 対応していない | 用紙に出力 | 用紙に出力 |
| 埼玉県 | なし | 無料 | 10円 | 外注の契約額 | 40円 | 外注の契約額 |
| 千葉県 | なし | 無料 | 10円 | 70円 | 60円 | 実費（購入単価） |
| 東京都 | なし | 10円（1件につき100円を限度） | 10円（1件につき100円を限度）に写し1枚につき20円を加えた額 | 10円（1件につき100円を限度）に写し1枚につき100円を加えた額 | 1件につき100円（1枚につき300円を限度）に1枚につき100円を加えた額 | 1件につき100円（1枚につき300円を限度）に1枚につき400円を加えた額 |
| 神奈川県 | なし | 無料 | 10円 | 40円 | 20円 | 可能ならFDか用紙に出力 |
| 新潟県 | なし | 無料 | 10円 | 50円 | 90円 | 220円 |
| 富山県 | なし | 無料 | 10円 | 80円 | 150円 | 220円 |
| 石川県 | なし | 無料 | 10円 | 100円 | 実費（購入単価） | 実費（購入単価） |
| 福井県 | なし | 無料 | 10円 | 実費 | 実費（購入単価） | FDか用紙に出力 |
| 山梨県 | なし | 無料 | 20円（A2が60円、A1が110円） | 80円 | 80円に0.5メガバイトまでごとに220円を加えた額 | 200円に0.5メガバイトまでごとに220円を加えた額 |
| 長野県 | なし | 無料 | 10円 | 70円 | 90円 | 220円 |
| 岐阜県 | なし | 無料 | 10円 | 50円 | 90円 | MOかFDか用紙に出力 |
| 静岡県 | なし | 無料 | 10円 | 50円 | 30円 | 実費（購入単価） |
| 愛知県 | なし | 無料 | 10円 | 80円 | 30円 | 150円 |
| 三重県 | なし | 無料 | 10円 | 40円 | 実費（購入単価） | 購入実費（35円）、持ち込みも。対応できない文書はFDか用紙に出力 |
| 滋賀県 | なし | 無料 | 10円 | 70円 | 60円 | 170円 |
| 京都府 | なし | 無料 | 10円 | 外注 | 持ち込み（コピーは無料） | 持ち込み（コピーは無料） |
| 大阪府 | なし | 無料 | 10円 | 80円 | 80円 | 210円 |
| 兵庫県 | なし | 無料 | 10円 | 40円 | 30円 | 60円 |
| 奈良県 | なし | 無料 | 10円（ほかは実費） | 50円 | 60円 | 実費（購入単価と人件費） |
| 和歌山県 | なし | 無料 | 10円 | 60円 | 60円 | 実費（購入単価と人件費） |
| 鳥取県 | なし | 無料 | 10円 | 80円 | 50円 | 実費（購入単価） |
| 島根県 | なし | 無料 | 20円 | 50円 | 110円 | 150円 |
| 岡山県 | なし | 無料 | 10円 | 50円 | 20円 | 実費（購入単価） |

## コピー代を上回る閲覧料五十七万円ナリ

国の手数料がどれだけ割高かを示す例がある。

建設の是非が争われている熊本県の川辺川ダム計画をめぐり、国土交通省の主張する必要性の根拠を確かめようと反対運動のメンバーが二〇〇二年夏、同省に対し、「昭和二十（一九四五）年以降、球磨川水系、『柳瀬』『人吉』地点での時間流量と同流域の時間雨量の全データ」を公開請求した。同省の保有データが不明で対象を広げたが、同省は請求文書を二十八件と数えて請求手数料八千四百円を求めた。二十一の観測地点の時間雨量について一地点ごと一件とし、ほかに未整理の時間雨量や時間流量のデータを七件と数えた。未整理データの一部は電磁的記録で開示できるというので、そのほうが分析しやすいと考えて従った額だった。これを支払い、約一カ月後、開示決定通知が届いた。

書面を見てメンバーは驚いた。開示実施の手数料は総計で「閲覧なら五十七万千六百円。写しの交付なら五十一万千三百八十円」とあった。後に写しは三十四万四千百四十円に訂正されたが、いずれも額は法外で、しかも閲覧料が写しの料金を上回っていた。内訳を見ると、なかでも高いのは電磁的情報の分で、計三件で閲覧では全体の大半を、写しで半分以上を占めていた。市民運動に資金の余裕はなく、役立つデータか確かめてから写しを求めようとしたが、「料金を払わない限り見せられない」と断られた。仕方なく、電磁的記録の二地点の九九年度「時刻流量旬表」と、用紙でしか開示できない洪水時のデータの二件だけを選んで写しの手数料五万三千五百四十円を支払った。

写しを受け取って再び驚いたのは、電磁的情報がもともとの作成データではなく、それを用紙に打ち出したものをスキャナーで読み込んだ画像情報だったことだった。これでは情報量は飛躍的に増えてしまい、「フロッピーディスク一枚につき八十円に〇・五メガバイトまでごとに二百二十円」というそれ自体割高の単価で計算すれば、約五万三千円になってしまう。しかも、データの分析処理も簡単にはできない。

データを手にしてみると、用紙で出力されたものなら一万一千円程度ですむとわかった。また、元の電磁的情報の文書からじかにディスクにコピーすれば、情報量は千分の一か百分の一の程度ですんだのではないか。そう見るメンバーは、国の手数料の割高設定と同省の不親切な対応に怒りを抱え込んだままでいる。

## 件数の勘定も支払い法もまちまち

さて、国が創設した請求手数料だが、実際に開示請求をしてみると省庁によって請求件数の数え方にばらつきがあり、この点でも請求者らの不評を買っている。法施行と同時に朝日新聞記者らが各省庁に一斉請求をしたときも、対象文書が複数年度にわたった場合、一件のまま受理する省庁もあったが、年度ごとに請求を分割してそれぞれ請求手数料を徴収する省庁が多かった。また、一件の請求でも内容が多項目にのぼって対象文書が複数のファイルにあると、請求件数をファイルごとに数える省庁が多かった。外務省などはこうしたケースでもほとんど一件として受け付けたが、これは少数派。請求件数の数え方は政府全体として統一されていない。

そもそも、請求件数の数え方に一定の考え方や基準というものはないのか。

前記の参議院総務委員会の付帯決議は「開示請求に係る手数料は、一請求につき定額として内容的に関連の深い文書は一請求にまとめることができることとし（以下略）」と政府に注文をつけた。これを受けて施行令は第一三条2項で以下に定めている。

「2　開示請求者が次の各号のいずれかに該当する複数の行政文書の開示請求を一の開示請求書によって行うときは、前項第一号の規定（請求文書一件につき三百円とする規定＝筆者注）の適用については、当該複数の行政文書を一件の行政文書とみなし（中略）。

一　一の行政文書ファイル（能率的な事務又は事業の処理及び行政文書の適切な保存の目的を達成するためにまとめられた、相互に密接な関連を有する行政文書〈中略〉の集合物をいう〈中略〉）にまとめられた複数の行政文書

二　前号に掲げるもののほか、相互に密接な関連を有する複数の行政文書」

二号の「相互に密接な関連」について政府の前記解説書は以下のように説明している。

「別々の行政文書ファイルにまとめられた行政文書の間においても相互に密接な関連を有するものがあり得る。このような場合の複数の行政文書を一の開示請求書によって開示請求を行うときの開示請求手数料の額についても、一件の行政文書とみなされることにより、三百円となる」

これに従えば、関連があるとして記者が一件の開示請求文書でまとめた請求は、外務省などのように一件として数えるのが妥当ということになる。

数え方のばらつきについて総務省は、「省庁ごとに仕事が異なり、それに応じた文書管理がされているので各省庁に任せるしかない」と釈明する。

しかし、次のようなケースではその釈明は通らない。

情報公開クリアリングハウスの三木由希子室長は、情報公開法の制定・施行に伴って廃棄文書の処分量がどう増減したかを調べるため、各省庁に対し、制定された九九年度以降に処分業者と交わした契約書類を同一の文書名で公開請求した。その結果、請求件数の数え方は省庁によって二分された。環境省、防衛庁、外務省、人事院は四～五年度分でも一件としたが、厚生労働、法務、文部科学、総務、農林水産、財務の各省、金融、国税、警察、宮内の各庁、会計検査院、公正取引委員会などは各年度ごと一件として数えた。内閣府、内閣官房はさらに、同じ年度の書類も契約書と支出執行書類は別の課が管理しているとして、それぞれ一件とする方法を採っていた

という。

環境省などが四～五年度分を一件と数えたのは「相互に密接な関連を有する複数の行政文書」と判断したからだが、情報公開法を所管する総務省自らがこれとは異なる判断をするのでは政府として示しがつかない。請求者らの疑問は募るばかりである。

もう一つ、行政機関によってまちまちなのが手数料の納入方法だ。施行令によって、一般会計の各省庁や出先機関には収入印紙で納め、特別会計の社会保険庁、特許庁などは「現金または金融機関への振り込みによること」とされている。

このうち後者については、開示請求先の機関に足を運べば納入窓口で現金支払いができる。だが、遠隔地の請求者だとまず納付書を郵送依頼などで取り寄せて銀行などで一件三百円を納入し、納付書のコピーを開示請求書類に添えて郵送することになる。開示文書のコピー送付を求めるときも同様だ。この納入方法を知らずに開示請求書類を送ると送り返され、それだけ郵送料と時間を無駄にすることになる。

前者が収入印紙によるとされたのは、「納付・収納事務の安全性と効率性を考慮した」と政府の解説書は説明する。ただ、印紙は郵便局で扱っているものの、特定郵便局などでは十円分など低額の印紙が揃っていないことが多く、請求者らには十円単位のコピー代などの納入に手間どると不評だ。

独立行政法人となった国立病院や国立大学、特殊法人の日本銀行や日本道路公団、日本郵政公社などの情報公開は、もう一つの「独立行政法人等の保有する情報の公開に関する法律」[注11]に基づく。その手数料の体系や納入方法は情報公開法の施行令に準じるところが多いが、各法人に委ねられているので、請求者はそれぞれに確認が必要だ。

手数料の額を左右する請求件数の数え方や手数料の納入方法は、制度が使いやすいかどうかの大きな要因である。政令や各法人に任せっぱなしにせず、法の見直しを機会に、納得のいく数え方や利用しやすい納入方法に一本化できないか、検討すべきだ。

## 公益減免の適用、三年間「ゼロ」

際立って割高な手数料だが、はじめに引用した情報公開法第一六条3項を見ての通り、一定の条件があれば減額あるいは免除する仕組みもある。施行令第一四条1項によれば、減免するのは開示実施手数料で、請求一件につき二千円を限度としている。

これが適用される条件として条文が記す「経済的困難その他特別の理由があると認めるとき」とは、具体的にはどのようなケースをいうのだろうか。

「経済的困難」については施行令は第一四条3項で、生活保護の受給者を例示している。

「その他特別の理由」はどうか。法案の国会審議で政府委員は「公益裁量開示とかいったような場合には特別な理由があるというようなことに該当するのではないか」と推量的な表現で答弁している。(注12)また、施行令は第一四条4項で「開示決定に係る行政文書を一定の開示の実施の方法により一般に周知させることが適当であると認めるとき」に行政機関の長は手数料を減免できると定めている。

この「一般に周知させることが適当であると認めるとき」とはどんな場合か。政府の解説書は、(注13)「開示請求者だけでなく、何人にも広く周知することが特定の施策目的の達成に大きく寄与する場合」と、情報公開法第五条一号、二号の規定を適用し、ただし書きの「人の生命、健康、生活又は財産を保護するため、公にすることが必要であると認められる情報」を開示しようとする場合、同第七条(公益上の理由による裁量的開示)を適用しようとする場合とを例示している。

では、実際にこの減免規定はどれほど適用されてきたか。総務省の調査(注14)によれば、施行から三年間で、経済的困難を理由とした適用は二十二件あった。だが、公益裁量開示などを理由とした適用はゼロである。これはなぜなのか。

情報公開法第一六条3項の規定のもとになった要綱案について、「考え方」は以下の注釈を付けている。

「なお、開示請求権制度は、開示請求の理由を問わず、また開示された情報の利用に制約を課するものでないことから、請求の理由又は利用の目的による手数料の減免を一般的に認める規定は設けず、行政機関の長の合理的な裁量にゆだねることとした」

減免の適用を行政側の裁量としたこの出発点が、そもそも中途半端だったのではないか。前段の理由付けのくだりはその通りである。しかし、では、行政改革委員会としては「請求の理由又は利用の目的による手数料の減免を一般的に認める規定は設けず」して、どんな内容を想定して「その他特別の理由」の文言を要綱案に加えたのだろう。これを明示しなかったから、政府答弁は推量的となり、施行令の公益減免規定もその適用も及び腰となっているのではないか。

行政改革委員会は、「請求の理由又は利用の目的」の一つである公益目的の開示請求に手数料減免の合理性を認め、検討したからこそ、注釈を添えたのではないか。そうであるなら、行政機関としてはいくら裁量を委ねられても、請求者から公益目的と告げられずに請求内容だけで減免の対象かどうかの判断を求められても、それは困難だ。

政府に説明の責務を全うさせるための情報公開制度なのに、受益者負担の考え方を据えることが、そもそもボタンの掛け違いなのだが、急ぎ改善策を考えるなら、公益目的の請求の手数料を減免する趣旨を明確にするため、条文で義務規定として明記すべきだろう。規定、運用次第で公益減免規定は乱用防止に生かせるかもしれない。

## 米国ＦＯＩＡの多様な減免規定

減免の適用にあたって必要なのは開示請求や利用目的の公益性だから、それが伝わる範囲で請求者に申告してもらえばよい。そのレベルの申告もしたくない請求者は、減免を求めなければよい。

減免を適用する公益性の判断基準については、米国・情報自由法（ＦＯＩＡ）のやり方が一つの参考になる。ＦＯＩＡは次のように、まず、請求者と請求目的に応じて三段階の手数料を設け、その差によって公益目的の請求の手数料を減免している。

①請求が営利目的なら、文書の探索、複写、審査の費用を徴収する。

②請求が営利目的でなく、学術的・科学的研究を目的とする教育的・非営利の科学的団体あるいは報道機関の代表による場合は、複写の費用だけを徴収する。

③その他の請求には、探索、複写の費用を徴収する。

また、情報の開示が政府の運営や活動についての公衆の理解に大いに役立ち、もっぱら請求者の営利とならないなら、手数料を減免する。

さらに、次の場合は手数料をとらない。

①手数料の徴収・処理に要する費用が手数料と同額以上となりうる場合。

②探索の初めの二時間分、複写の初めの百ページ分。

筆者は数年前、米政府の国務省や国防総省、食品医薬品局（ＦＤＡ）などに対し、様々な分野で十件以上の文書を郵便やメールで公開請求し、各機関は多数の文書を送ってくれたが、ＦＯＩＡそのものに基づく公開文書についてはコピー代をはじめ手数料も郵送料も一切請求してこなかった。あらかじめ開示請求の書類に「私は日本の全国紙の朝日新聞社に属する記者で、この請求は情報公開の日米比較をするためだ」と添え書きしておいたか

らだ。(注15)

ただ、請求が営利目的かどうかは、だれが請求したかではなく、どんな目的で請求がされたかで決定される。たとえば、訴訟のための請求は利益を得るためだとして手数料の減免はしないとした規則は、公益訴訟もあるのだから、裁量権の濫用であるとする判例もあるなど、減免するかしないかの判定をめぐる訴訟も多い。(注16)

公益減免の明確な規定を置くには、公益目的か営利目的かのきめ細かな判定基準づくりも必要となるが、法の趣旨からはその本格導入が急がれる。

## 耳を傾けたフリの「前歴」

「考え方」からも、衆参両議院からも、「できる限り利用しやすい金額とすること」と求められたのに、施行令はそれとかけ離れたものになった。さらに、これは国民の直接の声にも応えないものだった。

というのも、「考え方」は政府に対し、以下の注文もつけていた。

「なお、手数料の額に関する誤解や紛争を防止するため、行政機関は、必要に応じ、開示請求者に対して予想される手数料の額についての情報を提供するなどの運用上の措置も考慮されるべきである」

そこで当時の総務庁（現・総務省）は、法制定後の一九九九年十一月から一カ月間、ホームページに施行令の骨子案を載せて、国民の声を政策に生かすパブリックコメント制度で意見を募った。骨子案のうち手数料についは、たとえば請求手数料は次の三案を示した。Ａ案＝千二百五十円（事務コストをすべて積算に含める）▽Ｂ案＝六百円（事務コストのうち開示・不開示の審査事務コストを積算に含めない）▽Ｃ案＝三百円（事務コストのうち開示・不開示の審査事務コストおよび行政文書の探索事務コストを積算に含めない）。

また、開示実施手数料の「文書の写し」については次の二案を示した。Ａ案＝一枚当たり五十円（部分開示の事務コストを積算に含める）▽B案＝一枚当たり二十円（部分開示の事務コストを積算に含めない）。

これに対し、個人百三十四人と五十団体から意見が寄せられたが、骨子案への異論や新提案はすべて退けられた。（注17）

本稿で見てきたように、請求手数料は自治体の条例などになかったもので、コピー代などの手数料もB案でさえ自治体に比べ突出しており、どちらに対しても政府の説明責任や自治体との比較をもとに「できるだけ低額にすべきだ」との意見が大半を占め、「案よりも低額に」「無料にすべきだ」との声も多かった。しかし、総務庁は「もっとも低額の案は必要最小限の額だ」などとして押し切った。「はじめに結論ありき。たんに意見を聴いたというだけでは意味がない」と市民らから批判を招いた。国民も国会もずいぶんとなめられたものだ。

総務省はこんどは、情報公開法の見直しのため、〇四年四月に「情報公開法の制度運営に関する検討会」を発足させ、検討会の議論の参考とするためとして、同年五月から一カ月余り、ホームページで意見を求めた。意見は個人、団体から三十件寄せられ、検討会に託された。検討会と同省がこれらの意見を見直しにどう生かしただろうか。

注1　情報公開法第一条

注2　前出「情報公開法制の確立に関する意見」

注3　前出の宇賀克也『新・情報公開法の逐条解説』、一〇六～七ページ。北沢義博・三宅弘「情報公開法解説」、三省堂、一九九九年、四七ページ

注4　前出「行政機関の保有する情報の公開に関する法律施行令」

注5　前出『詳解　情報公開法』、一四六ページ

注6　一九九八年十月十三日、第百四十三国会衆議院内閣委員会議録第五号、三ページ

注7　一九九九年三月十一日、第百四十五国会参議院総務委員会会議録第三号、一五ページ

注8　一九九九年二月十二日衆議院内閣委員会「行政機関の保有する情報の公開に関する法律案に対する附帯決議」。同年四月二十七日、参議院総務委員会も手数料に関しては同趣旨の同名の付帯決議を採択した

注9　総務省「情報公開条例（要綱等）の制定状況調査の結果」。同省ホームページの二〇〇四年七月三十日報道資料

注10　手数料の額等に関する施行令第一三条の別表第一。総務省ホームページ

注11　仕組みは情報公開法に準じている。総務省ホームページ

注12　一九九九年三月二十一日、第百四十五国会参議院総務委員会会議録第三号、一九ページ

注13　前掲『詳解　情報公開法』、三二五ページ

注14　前出「平成十五年度における情報公開法の施行の状況について」

注15　前出『使い倒そう情報公開法―ＦＯＩＡ（米国情報自由法）もこうして使える』

注16　宇賀克也『情報公開法―アメリカの制度と運用』、日本評論社、二〇〇四年十一月、八七・一〇四ページ

注17　朝日新聞、二〇〇〇年一月二十五日付夕刊、「総務庁これが民主的行政？　情報公開法政令骨子案への意見すべて却下」。

# 第十章　裁判をする権利は公平・平等か

沖縄県那覇市内の弁護士事務所に事務員として勤める長嶺哲さん（三九）は二〇〇五年三月、外務大臣を相手取って情報公開訴訟を起こすした。〇四年八月十三日、同県宜野湾市の米軍普天間飛行場に隣接する沖縄国際大学構内に米軍の大型輸送ヘリコプターが墜落・炎上した。長嶺さんはその十日余り後、外務省に対し、事故に関して米政府と協議し、連絡を取り合った内容を記す文書と関係資料を情報公開法にもとづき請求した。同省は同年十二月二十四日までに二十九点の文書について開示・不開示を決定した。長嶺さんは通知をもとに文書のコピーを入手したが、公開されたのはすでに公になっている情報ばかりで、肝心な情報はほとんど不開示だった。

## 限られた提訴先

不開示の理由としては、協議に関する文書では「公にすることにより米国との信頼関係を損なうおそれがある」とし、協議について検討した記録については前記のおそれに加え、「米国との交渉上、不利益を被るおそれ、ならびに、率直な意見の交換または意思決定の中立性が不当に損なわれるおそれがあるため」としていた。

しかし、これらは情報公開法第五条三号の規定の文言をほとんど言い換えただけの一般的、抽象的なもので、まったく具体性を欠いている。そんな曖昧な言い訳をもとに、地元住民や沖縄県民を抜きにして両政府の協議が秘密裏に進められることを長嶺さんは放置できない。

とはいえ、情報を握る外務省を相手に市民が裁判をするには、県内の関係者のほか、基地問題や情報公開にくわしい東京などの弁護士や研究者、運動団体のメンバーらとの連携も欠かせない。情報の地域格差というものがあると長嶺さんはいう。だが、さらに気が重いのは、沖縄からの提訴のためにズシリとのしかかる交通費や宿泊費、時間の負担である。

情報公開法は、政府に対し、「国民主権の理念にのっとり、行政文書の開示を請求する権利」を定め（第一条）、その請求権を何人にも認めている（第三条）。そのように開示請求権が何人にも公平・平等に認められているのであれば、行政機関が請求文書を不開示と決定したとき、決定が違法、不当として決定処分の取り消しを求めて裁判所に訴える権利も公平・平等であるはずだ。不開示決定の取り消しを求める情報公開訴訟はもともと行政事件訴訟法に基づくものだが、同法も情報公開法も、請求者の個人や法人が提訴する資格について取り消しの利益が本人にあることのほかは制限を設けていない。

ところが、資格とは別の要件で実質上の制限がある。請求者の個人の住所地、法人の営業地がその要件だ。両法の規定によって、その要件に従って提訴先の裁判所が限定されるのである。

どこの裁判所が事件の審理をするかの定めを法律用語で「裁判管轄」という。まず、行政事件訴訟法は管轄をこう定めている。

「第一二条　行政庁を被告とする取消訴訟は、その行政庁の所在地の裁判所の管轄に属する。

２　（略）

３　取消訴訟は、当該処分又は裁決に関し事案の処理に当たつた下級行政機関の所在地の裁判所にも、提起することができる」

１項によれば、省庁は東京に集中しているので、取り消し訴訟のほとんどは東京地方裁判所でしかできない。地方の出先機関が決定処分をしたのであれば、３項によって、その出先機関の所在地の地裁で裁判ができる。だが、外務省などの場合は地方の出先機関がないので、東京地裁だけとなる。

## 情報公開訴訟は少しマシだが

情報公開法の規定は、もう少し提訴先を広げている。以下がその規定である。

「第三六条　開示決定等の取消しを求める訴訟及び開示決定等に係る不服申立てに対する裁決又は決定の取消しを求める訴訟（次項及び附則第二項において『情報公開訴訟』という。）については、行政事件訴訟法（昭和三十七年法律第百三十九号）第一二条に定める裁判所のほか、原告の普通裁判籍の所在地を管轄する高等裁判所の所在地を管轄する地方裁判所（次項において『特定管轄裁判所』という。）にも提起することができる。

２（以下略）」

普通裁判籍とは管轄を決定する基準になる地点のことで、行政事件訴訟法などの規定によって、個人の場合は住所地等が、法人の場合は主たる事務所の所在地等がこれにあたる。つまり、情報公開法の規定によれば、個人が情報公開訴訟を起こす場合は、①省庁が東京にあれば東京地裁②決定処分をした出先機関の所在地の地裁③原告の住所地を管轄する高裁の所在地の地裁、の三カ所のうちのいずれかを選んで裁判をすることになる。高裁の所在地は、札幌、仙台、東京、名古屋、大阪、広島、高松、福岡の、全国八カ所である。

したがって、外務省を相手取って長嶺さんが準備している裁判は、地元の那覇地裁には提訴ができない。東京地裁か福岡地裁のどちらかを選んですることになる。長嶺さんは福岡地裁に起こした。

## 沖縄からゆえに重い負担

那覇市民が原告となって福岡地裁で情報公開訴訟をしていく場合、どれほどの交通費がかかるか。大都市の住民が訴えた場合とどれだけ負担の差があるか。仮に、公判の回数を一審が十回、二審が五回の計十五回とし、原告と地元の代理人はそれぞれ一人と二人の計三人と同一条件にして、最低必要な交通費を算出したのが図1である。

東京や大阪の近郊住民が地元の地裁、高裁で裁判をする場合、交通費は総計でも四万円前後ですむ。これに対し、那覇市民だと飛行機を利用するので、ざっと五十倍の二百万円を超える。高裁が一つも置かれていない本州の日本海側の住民も、たとえば金沢市民が特急列車を使って名古屋地裁と高裁で裁判をする場合、東京都民のざっと十五倍の六十万円以上かかる。広大な北海道でも釧路市民が札幌地裁、高裁に通うと、陸路でも金沢市民より上回り、時間短縮に空路を利用すると那覇市民のケースに近い費用となる。

広域にわたる弁護団が組織されれば、事前の打ち合わせに前日から宿泊する必要も出てくるので、さらに費用は膨らむ。地域による裁判費用の格差は歴然としている。

## 現行規定は情報公開法が先行

情報公開法の現行規定も、法案段階では行政事件訴訟法の管轄規定にそのまま従うものだった。法案のたたき台の法要綱案をまとめた行政改革委員会がこの問題を先送りしたからだ。「情報公開法要綱案の考え方」のなかで、「地方在住者のために（中略）特例を設けるべきであるとの意見・要望がある」と触れながら、結論では「今後、情報公開法の運用の実情等を勘案し、行政訴訟一般の問題との関連にも留意しつつ、専門的な観点から総合的に検討されることを望む」としたのである。(注1)

だが、国会審議が始まると、大阪の市民グループは「このまま法案が通ったら、法の下の平等に反するとして違憲訴訟をただちに起こす」と集会で確認した。(注2)さらに、沖縄弁護士会は「地方での提訴を認めよ」と緊急アピールを発表し、全国各地の地方議会も同趣旨の意見書を相次いで採択するなどの動きが活発になり、野党も一斉に法案の修正を求めた。(注3)その結果、与党の自民党がこれに応じ、衆議院で修正されたが、現行規定にとどまった。参議院では付則の法見直し規定に以下の文言を加えることで、問題を先送りした。

「附則

（中略）

3　政府は、この法律の施行後四年を目途として、この法律の施行の状況及び情報公開訴訟の管轄の在り方について検討を加え、その結果に基づいて必要な措置を講ずるものとする」

こうして現行の情報公開法には管轄の特例が設けられ、国民、なかでも地方在住者が政府の保有する情報へアクセスする利便性をある程度は拡大し、行政事件訴訟法の規定より先行する形となった。

## 追いかけて並んだ行政事件訴訟法

その行政事件訴訟法も、その後、司法改革のなかで見直しがされ、管轄規定は以下の通りに改正され、二〇〇五年四月に施行された。

「第一二条　取消訴訟は、被告の普通裁判籍の所在地を管轄する裁判所又は処分若しくは裁決をした行政庁の所在地を管轄する裁判所の管轄に属する。

（中略）

4　国又は独立行政法人通則法（平成十一年法律第百三号）第二条第一項に規定する独立行政法人若しくは別表に掲げる法人を被告とする取消訴訟は、原告の普通裁判籍の所在地を管轄する高等裁判所の所在地を管轄する地方裁判所（次項において「特定管轄裁判所」という。）にも、提起することができる。（以下略）」

つまり、行政事件訴訟法の管轄規定は、国民の利便性の拡大で先行した情報公開法の規定に追いついて並んだのである。しかし、これを超えるものとならなかった理由は、見直しにあたった司法制度改革推進本部の行政訴訟検討会で塩野宏座長が述べた次の発言(注4)からうかがい知ることができる。

「国民のアクセスと裁判所の専門的体制という二つの観点をどう組み合わせていくかは難しいところもあるが、

いろいろな知恵を出して、もっと国民にとって使いやすい制度にしたい。その際、距離が近いというだけでなく、ちゃんとした裁判をしてもらえるかということも重要な点である。ただちに全国に専門的な裁判官を配置できるものではないし、配置しても事件が一年に一件しかないというようでは資源の活用という点からどうかという問題もある」

## せめて高裁支部の所在地でも

しかし、日本の情報公開制度の歴史は地方自治体ですでに二十三年を数える。二〇〇四年四月の時点で全体の九三％にあたる二千九百五十の都道府県、市町村が条例・要綱を制定するまでに至った。(注5)そして、自治体の食糧費や交際費の公開をめぐる訴訟をはじめ、情報公開訴訟が各地で次々と起こされるようになって久しい。たしかに国は自治体にはない外交、防衛などの専管事項を抱えているものの、もはや情報公開に関して専門性の高い裁判官の配置をことさらに力説する時代は終わったのではないか。

そのような観点からすれば、情報公開法の裁判管轄は、すべての地裁に一挙に広げずとも、沖縄弁護士会が要望したように、せめて高裁支部の所在地の地裁にまで広げたらよい。図1を見ての通り、支部の所在地は秋田、金沢、松江、岡山、宮崎、那覇の六カ所。岡山、宮崎のほかは四カ所が日本海側と沖縄である。福岡は九州の北端に位置するので、宮崎は九州南部の在住者には利便がよい。また、北海道には支部がないが、第一歩として、札幌からもっとも遠い釧路地裁に特例を適用できないものか。このようにして管轄をわずか六、七カ所ふやすだけで、地方在住者の利便性は飛躍的に上がると期待される。

総務省の調べによれば、法施行からの三年間で起こされた情報公開訴訟六十二件のうち、特定管轄裁判所に提訴されたのは十五件。それらの原告の住所地は宮城の一件を除き、すべて四大都市圏の都府県か近接県である。(注6)

## 図1　情報公開訴訟をすると交通費だけでこんな地域差

注　原告1人、代理人2人の計3人が1審10回、2審5回の公判に通ったと仮定。表の各運賃は片道1人分で、総計は15回往復する3人分。単位は円。各普通運賃に、遠距離のJRは特急料金や指定料金を加えた＝2005年2月現在。■は高裁の、□は高裁支部の所在地。

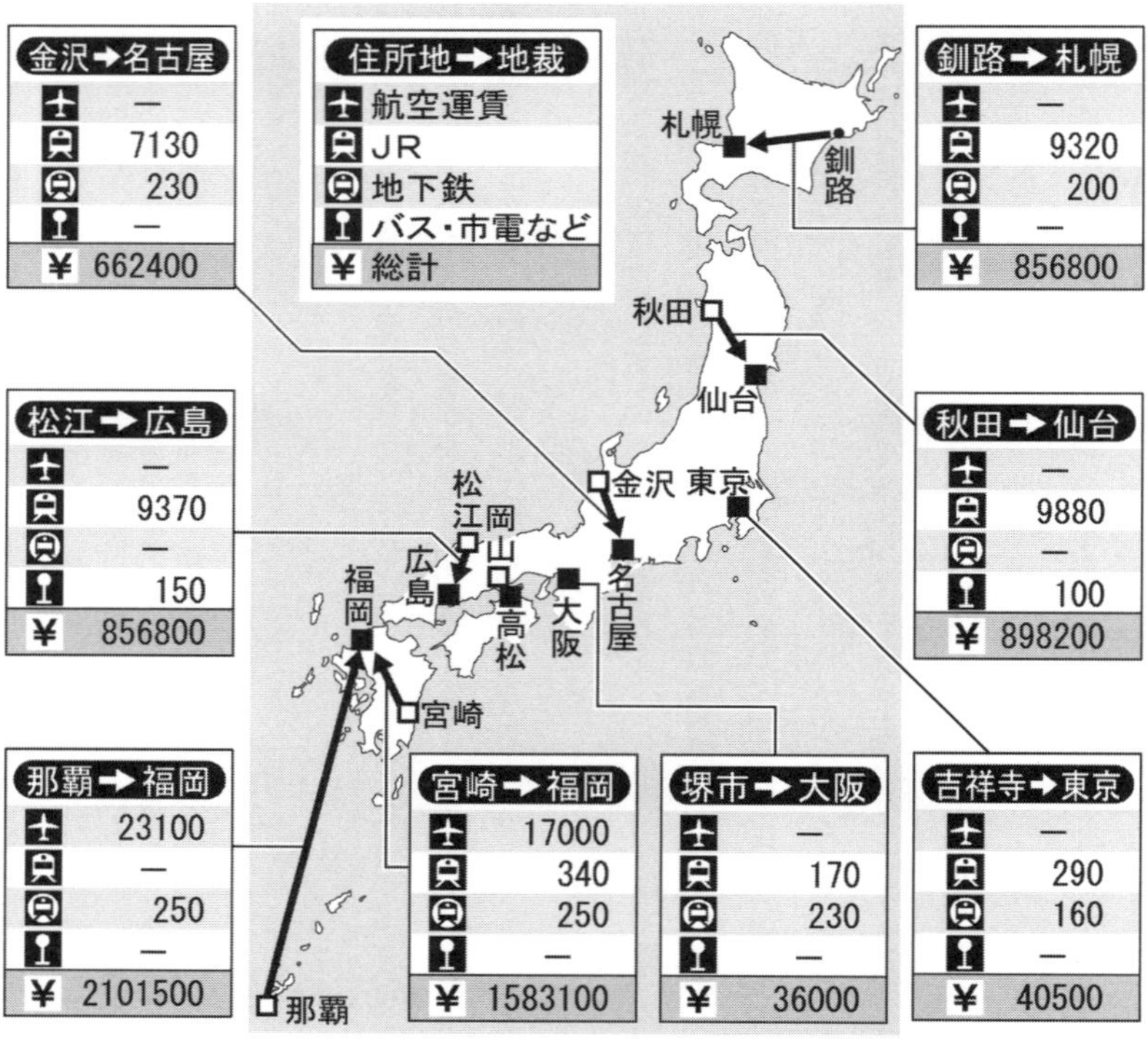

しかし、だからといって、訴訟を望む住民が地方には少ないと考えるのは早計だろう。たとえば、長嶺さんが大きな負担を覚悟して裁判を起こしたのは、きわめて重いテーマだからである。それほどのテーマでなければ、不開示決定がいくら違法、不当だと腹に据えかねても、飛行機や特急列車で何度もピストン往復し、多くの費用と時間をかけてまで裁判をしようとはなかなかならないのではないか。現行の管轄はむしろ、訴訟の抑止役をしているのではないか。

## 米国は住所地はじめ四カ所から

情報公開の先進地、米国に目を転じよう。この国の情報自由法（ＦＯＩＡ）では、提訴先を①原告の住所地②原告の主たる営業地③行政機関の記録の所在地④首都ワシントンＤＣ、の四カ所の連邦地裁から原告は自由に選ぶことができる。

ＦＯＩＡの最新事情にくわしい宇賀克也・東京大学大学院教授（行政法）によれば、四カ所の裁判所から選べるとはいえ、一九九四会計年度でＦＯＩＡ訴訟の約三七％がワシントンＤＣで提訴され、同地の控訴裁判所も同様で、ＦＯＩＡ訴訟のリーディングケースとされるような重要な判決が多く出されているという。その一方で、住所地で裁判をすれば、交通面で便利なほか、係属事件が少なく、迅速な審理が期待できる。同年度の統計ではワシントンＤＣに次いで、カリフォルニア中央区が約八％、同北部地区が約五％、ニュージャージーが約四％と続く。(注7)

筆者が九七年に日弁連ＦＯＩＡ調査団に同行したとき、カリフォルニア州の弁護士の一人は「首都でしか提訴できないなら、負担が大き過ぎてだれもが請求さえしなくなる。それに、ワシントンＤＣの控訴裁判所は政府寄りの判決を出すので、私はそこで裁判をしようと思わない」と、選択肢の多さの必要性とメリットを説いた。一方、米司法省の上級法律顧問も「居住地でできることは訴訟を簡潔、簡便にする。司法省にもそう負担ではない。飛行機で飛んでいけばいいだけだ」と前向きだった。(注8)

情報公開法の見直しにおいては、立法の趣旨、制定の目的の原点に立って、請求者の利便にできうる限り配慮すべきである。

注1　前出「情報公開法制の確立に関する意見」にある「情報公開法要綱案の考え方」の「8　その他の検討事項（2）司法救済上の諸問題」
注2　朝日新聞、一九九八年十一月二十日付朝刊
注3　朝日新聞、一九九九年二月五日付朝刊（西部本社版）
注4　司法制度改革推進本部行政訴訟検討会の第十一回検討会、二〇〇二年十二月十七日。同本部のホームページは http://www.kantei.go.jp/jp/singi/sihou/index.html
注5　総務省「情報公開条例（要綱等）の制定状況調査の結果」。総務省ホームページの二〇〇四年七月三十日報道資料
注6　前出「情報公開法の制度運営に関する検討会」第八回会合（二〇〇四年十一月三十日）の配布資料8
注7　前出の宇賀克也『情報公開法――アメリカの制度と運用』の一一六ページ以下
注8　朝日新聞、一九九八年三月二十六日付朝刊（大阪本社版）、「米・情報自由法と比較、目立つ消極姿勢　情報公開法政府案」

# 第十一章　「知る権利」「インカメラ」に及び腰

## 「知る権利」明記の機は熟していないか

情報公開法の目的規定に、「知る権利」という言葉を記すかどうか――この問題は過去の法案づくりや国会審議において論議の対象になったが、現行法の条文は以下のものとなり、「知る権利」には触れていない。施行から四年が過ぎて、付則が政府に求める今回の法見直しのなかで、あらためて議論の的となっている。

「この法律は、国民主権の理念にのっとり、行政文書の開示を請求する権利につき定めること等により、行政機関の保有する情報の一層の公開を図り、もって政府の有するその諸活動を国民に説明する責務が全うされるようにするとともに、国民の的確な理解と批判の下にある公正で民主的な行政の推進に資することを目的とする」(情報公開法第一条)

国より制度化が二十年近く先行した自治体の条例には、目的規定や前文に「知る権利」を明記したものが少なくない。総務省のまとめでは、都道府県と政令指定都市計六十の情報公開条例で、「知る権利」の文言を用いているのは五十三条例。このうち、この言葉を目的規定で用いているのは三十四条例にのぼる。

たとえば大阪府情報公開条例には次のようにある。

「情報の公開は、府民の府政への信頼を確保し、生活の向上をめざす基礎的な条件であり、民主主義の活性化のために不可欠なものである。

府が保有する情報は、本来は府民のものであり、これを共有することにより、府民の生活と人権を守り、豊かな地域社会の形成に役立てるべきものであって、府は、その諸活動を府民に説明する責務が全うされるようにすることを求められている。

このような精神のもとに、府の保有する情報は公開を原則とし、個人のプライバシーに関する情報は最大限に保護しつつ、行政文書の公開を求める権利を明らかにし、併せて府が自ら進んで情報の公開を推進することにより、『知る権利』の保障と個人の尊厳の確保に資するとともに、地方自治の健全な発展に寄与するため、この条例を制定する」

## どんな法的効果をもたらすか

では、「知る権利」という言葉が条文に書かれていれば、それは実質的にどのような法的な効果をもたらすのか。

しばしば引き合いに出されるのが、知事交際費の関係書類を不開示とした大阪府の決定処分の取り消しを求めた裁判である。大阪地裁は一九八九年三月、一審判決で処分を取り消して全面開示するように命じ、控訴審の大阪高裁も九〇年十月、これを支持した。

二つの判決は、ともに、条例前文の「知る権利」を解釈原理の柱の一つとしている。高裁判決（注1）は、判断理由の「本件条例の趣旨、目的等」の項で、上記の前文を引用したうえで以下のように述べる。

「(一)（中略）また、その一条においても、本件条例の目的が、右のようなものであることを宣言しており、基本的に憲法二一条等に基づく『知る権利』の尊重と、同法一五条の参政権の実質的確保の理念に則り、それを府政において具現するために制定されたものと認められる。

(二) 本件条例は、右のように、府の有する情報は公開を原則としながらも、その八条一号ないし六号において、公開しないことができる公文書を列記し、またその九条一号ないし三号において、公開してはならない公文書を列記しているところ、右(一)のような本件条例の趣旨、目的、理念に照らせば、右各非公開事由に該当するか否かの判断は、個人のプライバシー等の保護には最大限の努力を払いつつも、条文の趣旨に即し、厳格に解釈されなければならない（以下、略）」

ここでは、「知る権利」の法的根拠は憲法二一条（表現の自由）などに置かれている。

一方、ほぼ同時期に進められた栃木県知事交際費をめぐる情報公開訴訟の一審、宇都宮地裁の判決は、原告の請求を棄却した。栃木県情報公開条例に「知る権利」は明記されていない。控訴審の東京高裁判決[注2]は、訴えを一部認めて決定処分の一部を取り消したが、開示請求権は憲法二一条から直接的に発生するものではない、とした。「知る権利」の有無による解釈原理の違いと結論において、二つの判決は対照を見せた。

## 最高裁は「知る権利」に触れず

しかし、大阪府知事交際費をめぐる裁判の上告を受けた最高裁は、審理を高裁へ差し戻したあと、差し戻し後の新たな高裁判決をも変更して、二〇〇一年三月に、不開示決定を一部認める判決[注3]を出した。この判決は、「知る権利」には言及していない。法曹界ではその後も、開示請求権としての「知る権利」を認めた最高裁判決はない、とされている。

国の情報公開法は、こうした状況のもとで作られた。行政改革委員会は、法案のたたき台としてまとめた「情報公開法要綱案[注4]」で、目的規定に「知る権利」を明記することを見送った。その理由を、「情報公開法要綱案の考え方[注5]」は次のように述べている。

「我が国における情報公開法の制定に関する議論の中で、『知る権利』という言葉は、国民の情報公開法制に対する関心を高め、その制度化を推進する役割を果たしてきた」

しかし、その評価から視点を転じる。

「法律の条文の中でその言葉を用いることが適当であるかどうかは、法律問題として別に検討する必要がある」

「『知る権利』については、憲法学上、国民主権の理念を背景に、表現の自由を定めた憲法第二一条に根拠付けて主張されることが多い。この主張は、表現の自由は、国民が広く思想や情報を伝達し、またそれを受け取る自由のみならず、政府が保有する情報の開示を求める権利（政府情報開示請求権）をも含むという理解であり、この場合、後者が特に『知る権利』と呼ばれている。このような理解に立つ場合でも、『知る権利』は基本的には抽象的な権利であるにとどまり、法律による制度化を待って具体的な権利となるという見解が有力である。

しかし、憲法第二一条の保障する表現の自由はあくまで自由権であってそのような請求権的なものは含まないという見解がある一方、『知る権利』をより広く自己情報の開示請求権を含めて考えたり、『知る権利』は憲法上既に具体的な内容をもって存在する権利であるとする見解もある。また、最高裁判所の判例においては、請求権的な権利としての『知る権利』は認知されるに至っていない。

このように、『知る権利』という概念については、多くの理解の仕方があるのが現状である。

上記のような理由から、本要綱案では、情報公開法の目的規定に『知る権利』という言葉を用いることはしなかったが、（中略）『国民主権の理念にのっとり』という表現によって、憲法の理念を踏まえて充実した情報公開制度の確立を目指していることを明確にしておきたい」

## 最高裁は「知る権利」を否定せず

最高裁は請求権的な権利としての「知る権利」を認知していないのか。この点については、学界内に異論がある。たとえば右崎正博・独協大大学院教授（憲法）は、表現の自由は民主主義の政治過程を維持していくために必要不可欠な権利であると考えられてきているが、そのような機能を十分に担うためには主権行使に必要な国政情報にアクセスし、それを受領する権利、つまり、「知る権利」の保障なしには表現の自由も完結しないと考える。そのうえで、「最高裁判決も開示請求権としての『知る権利』を否定したわけではない」とし、さらに「北方ジャーナル事件」についての最高裁判決（注6）が以下のように説いていることに注目する。

「主権が国民に属する民主制国家は、その構成員である国民がおよそ一切の主義主張等を表明するとともにこれらの情報を相互に受領することができ、その中から自由な意思をもって自己が正当と信ずるものを採用することにより多数意見が形成され、かかる過程を通じて国政が決定されることをその存立の基礎としているのであるから、表現の自由、とりわけ、公共的事項に関する表現の自由は、特に重要な憲法上の権利として尊重されなければならないものであり、憲法二一条一項の規定は、その核心においてかかる趣旨を含むものと解される」

右崎教授は、この判決は「情報受領の自由の前提として、多様な情報の存在とその自由な流通の維持が、憲法二一条の核心に位置することを述べている」とし、「『表現の自由』の保障がかかる情報の多様性の確保と情報流通の自由に及ぶものであるとすれば、それは単に消極的な自由の保障にとどまらず、情報へのアクセス権や開示請求権をも射程に含むものと考えざるを得ない」と結論づけている。(注7)

同教授は、表現の自由のこのような展開は、すべての人は「情報を求め、受け、伝える自由」を持つとした世界人権宣言一九条や国際人権B規約一九条、各人は「自由に意見を表明し、流布し、一般に近づくことのできる情報源から妨げられることなく知る権利を有する」としたドイツ基本法五条などに表れていて、「情報公開法が基本的人権を具体化する法律としてとらえられていることはすでに世界の潮流となっている」ともいう。

情報公開法要綱案の「考え方」は、最高裁判例が開示請求権としての「知る権利」を認めていないことを、法の条文にそれを明記することを見送る有力な理由の一つとしたが、いわば判例待ちのような状態は、素人目には立法府と司法府が互いに相手の出方をうかがう「もたれあい」の関係にあるようにも映る。

情報公開法施行から四年たった現時点では、国民を主体とする「知る権利」を明記すべきかどうかについて、憲法学者をはじめとする各層の知恵を集めて本格的に議論し、立法府として主体的にその答えを出すべきであろう。そのことは、立法時に衆参両院のそれぞれ関係委員会が付帯決議で求めたことでもある。(注8)

## インカメラ審理を裁判にも導入すべきか

次に、「インカメラ審理」を裁判所の審理にも認めるべきかどうかを考えたい。

インカメラ審理はもともと、米国の情報公開訴訟で判事に権限として与えられている審理のやり方だ。ラテン語の「カメラ」は「アーチ形天井（の部屋）」（広辞苑）を意味し、裁判では判事の執務室を指す。つまり、判事が職権で対象の非公開文書を提出させ、執務室でじかにページをめくって、行政側の非公開理由が妥当かどうかを確かめる審理をいう。情報公開訴訟では、情報を握る政府の側が、情報を持たない原告・開示請求者より圧倒的に優位に立つので、バランスをとるため考え出された。米国では一九七四年、ニクソン政権下で起こったウオーターゲート事件のあとの情報自由法の抜本改正で導入された。

日本の情報公開法では、この権限は裁判所ではなく、不服申し立てを受けて不開示の当否を審理する情報公開審査会に与えられた。

審査会事務局によれば、情報公開法の施行から三年間、二〇〇四年三月末までに出された答申千五百三十五件のうち、「インカメラ審理をした」と答申に記されたものは九百四十一件（六一・三％）。もともとインカメラ審理をほとんどやらない文書不存在事件二百八十三件、存否応答拒否事件二百十二件を差し引くと、実施率は非常に高い。

では、これほど活用されている権限を、なぜ、裁判所には与えないのか。法の立案時に議論されたが、行政改革委員会は「検討事項」として先送りした。その理由を、「考え方」は以下のように述べる。[注9]

まずは、情報公開訴訟への導入のプラス面を説く。

「適正・迅速な訴訟の実現のため、その有効性や必要性が指摘されている。裁判官が問題となっている行政文書を実際に見分しないで審理しても、訴訟当事者の納得を得難いのではないかと考えられるほか、機微な情報が問題となっている場合には、その具体的な内容に立ち入らずに、公開の法廷において、処分の適法性を十分に主張・立証することの困難も予想されるところである」

しかし、導入には越えるべき高い壁があるという。

「この種の非公開審理手続きについては、裁判の公開の原則（憲法第八二条）[注10]はとの関係をめぐって様々な考え方が存するうえ、相手方当事者に吟味・弾劾の機会を与えない証拠により裁判をする手続きを認めることは、行政（民事）訴訟制度の基本にかかわるところでもある。また、情報公開条例に基づく処分の取り消し訴訟や公務員法等の守秘義務違反事件の訴訟では、この種の非公開審理手続きなしに、立証上種々の工夫をすることなどが現に行われており、情報公開法の下では、不服審査会における調査の過程で得られた資料が訴訟上活用されることも期待される」

そして、以下の注文をつけて問題を先送りした。

「今後、上記の法律問題を念頭に置きつつ、かつ、情報公開法施行後の関係訴訟の実情等に照らし、専門的な観点からの検討が望まれる」

訴訟でのインカメラ審理の具体的な問題点としては、以下のような指摘がされてきた。[注11]①非公開の証拠調べでは開示請求者が非公開事由の妥当性について反論・反証ができなくなる②一審で非公開の証拠調べをして処分取り消し請求が棄却された場合、請求者は当該情報を知らずに控訴理由の十分な主張ができるのか③裁判官は、非公開の証拠調べに基づく事実認定によって説得力のある判決を書けるのか④上級審の裁判所は、非公開の証拠調べの調書によっても原判決に対する十分な判断ができるのか、など。

このように、訴訟の一方の当事者を排除する非公開審理が、憲法の定める裁判の公開や当事者主義に反するとされる点が、インカメラ審理導入の最大の壁である。

だが、前掲の「考え方」にあるように、裁判官が非公開文書に目を通さずに審理をし、判決を書かざるをえないゆえに、月日もかかるという困難さが、情報公開法の施行によるインカメラ審理の多用、有効性と対比され、際立つのも事実だ。不開示の違法性を争う情報の内容を裁判官が認定するのに、「……と推認することができる」という言葉を使っている判決が多い。(注12) このことは、審理の困難さを象徴している。これを解決するため。インカメラ審理の導入に向け、一歩前進させる必要がある。

注1　一九九〇年十月三十一日、大阪高裁、平成元（行コ）８行政処分取消請求控訴事件。最高裁ホームページ（http://www.courts.go.jp/）、行政事件裁判例集の検索ページ

注2　一九九一年一月二十一日、東京高裁、平成元（行コ）１２０公文書非開示決定処分取消請求控訴事件。前掲の最高裁ホームページ

注3　二〇〇一年三月二十七日、最高裁第三小法廷、平成八（行ツ）２１０、２１１行政処分取消請求事件。最高裁ホームページ

注4　前出「情報公開法制の確立に関する意見」

注5　前記同

注6　一九八六年六月十一日、最高裁大法廷、昭和五十六（オ）６０９損害賠償。最高裁ホームページ

注7　右崎正博「情報開示請求権と『知る権利』」、『講座　情報公開』ぎょうせい、一九九四年、一四八ページ

注8　一九九九年二月十二日衆議院内閣委員会「行政機関の保有する情報の公開に関する法律案に対する附帯決議」には「知る権利の法律への明記等審議の過程において論議された事項については、引き続き検討を行うこと」との一項、同年四月

二十七日、参議院総務委員会の同名の付帯決議には「知る権利の法律への明記、行政文書管理法の制定等審議の過程において議論された事項については、引き続き検討すること」の一項がある

注9　前出「情報公開法要綱案の考え方」の「8　その他の検討課題」

注10　日本国憲法「第八十二条【裁判の公開】1　裁判の対審及び判決は、公開法廷でこれを行ふ　2　裁判所が、裁判官の全員一致で、公の秩序又は善良の風俗を害する虞があると決した場合には、対審は、公開しないでこれを行ふことができる。但し、政治犯罪、出版に関する犯罪又はこの憲法第三章で保障する国民の権利が問題となつてゐる事件の対審は、常にこれを公開しなければならない」

注11　たとえば、前出の北沢義博・三宅弘『情報公開法解説　第2版』、一五八ページ

注12　たとえば、安威川ダム地質調査報告書公開請求訴訟の大阪高裁控訴審判決（一九九四年六月二十九日）、自衛隊那覇基地の対潜水艦戦作戦センター（ＡＳＷＯＣ）建築資料の公開執行停止申し立て事件の那覇地裁判決（一九八九年十月十一日）、など

# 第十二章　憲法学者は不在、大山鳴動鼠一匹

## 各省庁の自助努力を待つ消極姿勢

情報公開法の付則に従って、同法の見直しを進めた「情報公開法の制度運営に関する検討会」（座長―小早川光郎・東京大学大学院教授、以下「検討会」）は、二〇〇四年四月から月一回のペースで会合を開き、〇五年三月十八日の十二回目の会合で最終報告（注1）をまとめた（本書「資料」に要旨）。おもな項目に目を通すと、「留意する必要がある」といった努力目標の表現が目立つ。本書の各章で取り上げてきた問題点の多くは、検討会の配布資料、討議でも指摘された。だが、それらの問題の根深さを委員らがどれだけ重く受け止めたのか、疑問を残すところとなった。

たとえば、不開示の幅が大きすぎると批判の強い「個人に関する情報」に関する法五条一号と、行政機関の判断を尊重する外交・防衛、捜査・治安の分野の三・四号のいずれの規定にも根本的なメスは入らなかった。また、対象文書の有無すら答えないため「原則公開」に反すると指摘のある「存否応答拒否」の規定（八条）についても同様である。

公開請求する側と行政機関との間に不信の溝が深い文書「不存在」の問題については、文書管理法の制定に踏み込む議論は希薄だった。手続き処理の遅れに対しては、継ぎはぎ策が示されただけだ。

自治体に比べてケタ外れに高い手数料・コピー代には、政策的な見直しはされなかった。

制度の根幹にかかわる「知る権利」の明記と「インカメラ審理」の導入については、問題解決は再び先送りされた。提訴先を高裁所在地の地裁からさらに広げるかどうか、その裁判管轄の問題も同様である。

主要なテーマごとに見ていこう。

## 手続き処理の遅れ、なお様子見

一定の改善がみられるものの、根本的な解決に至っていない手続き処理の遅れ。その実態報告がそろったうえで、検討会はどんな議論をしたのか。

こんなやりとりがあった。(注2)

**小早川座長**　諮問までの期間は、当初、非常に問題になったが、やや特殊な話であって、一応落ち着いてきたら、まあまあそんなでもないかと。まだまだ問題はあるが。

**曽和委員**　不服申し立てから諮問までに一年以上の長期間を要しているのは、原因は何か。いくつか書かれている理由はあまり理由となっていない。繁忙を極めていたとか、諮問の要否等の検討を十分に行うことができなかったなどとあるが、諮問の要否というのは不適法の場合を除いては諮問するというのが原則である。だから、やはり別の本当の理由があるのではないか。どうも納得できない。

**小早川座長**　文字どおり集中したのでお手上げだったというのもあるのだろう。

**西鳥羽委員**　第三者に確認していたというのは、何となく考えられるが。

**小早川座長**　それも、最初にやっているはずである。

（中略）

**小早川座長**　法律があれでよかったのか、最初の開示・不開示については期限を定めて、諮問については定めなかった、やや性善説だったのかなという感じもある。意識していなかった。

**三宅委員**　かなり対応が変わってきていると見ていいのか。一年以上が九件に落ちているということは。

**小早川座長**　未諮問から、諮問に長期を要したという方へ、どさっと移ったということである。ある意味では、これだけ効き目があるのだから、別に法律に書かなくても、きちっと対応すれば、それなりに効果はあるのかもしれない。

**三宅委員**　もともと役所というのは、行政不服審査についてはすぐにやらなければいけないという発想が基本的にない。行政不服審査制度そのものの見直しが必要なのだろう。

**宇賀委員**　東京都で情報公開条例の制度改正したときに実態調査してみると、諮問まで一年以上かかっているようなケースがあった。理由を聞いてみると、あまり納得できるような理由ではなかったので、条例を改正して速やかに諮問するようにという努力義務の規定を明文で入れた。（情報公開法の）ここの第一八条も、少なくとも「遅滞なく」ぐらいは入れた方がいいのではないか。最近の事例でも随分時間がかかっている事案はある。

**曽和委員**　公聴会のときに、その情報がいつ手に入るかというタイミングがすごく大事だという話があり、そのとおりだと思った。情報公開法は情報を適時に入手できるというところに大きな価値を持っていて、開示・不開示の決定も期限を設定しているというシステムを最初から導入しているわけだから、不服申し立てをしたら遅くなるというのは、やはり何とか是正した方がいいのではないか。

**小早川座長**　一律に期限を定めるのはなかなか難しいだろう。だから、訓示規定でも書けば、それなりの意味はありそうだし、そのほか何かうまい工夫がないだろうか。

検討会の議論はほぼこれに尽きる。上記のように、委員から法改正の具体的な提案もあったが、結局、最終報告ではそうした提案も生かされず、おおむね以下の内容の「改善措置等」にとどまった。

「次のような措置を講ずることにより、不服申し立てを受けた行政機関等により可能な限り速やかに諮問がされるようにする必要がある。

①諮問の際に必要となる標準的な書類と内容について周知・徹底する。

②第三者への意見照会、原処分庁への事実確認等、諮問までの事務処理を類型化し、目標的な処理期間を設定して、管理部門等による事案処理の進行管理を徹底する。

③不服申立人の求めに応じ、事案処理の進行状況と見通し等を連絡する。

④諮問までに長期間を要した事案については、件数、要した期間とその理由等について年一回公表する」

要するに、各省庁に対し、それぞれ努力目標を設けて運用の改善を図るよう求めるにすぎない。開示決定等の期限が守られない問題、不服申し立てから裁決・決定まで日数がかかりすぎる問題についても、同様の「改善措置等」となった。基本的に省庁の裁量に任せるというのでは、抜本的な問題解決にほど遠い。

現行の情報公開法には、ほかにも、処理に期限の定めがない手続きはある。公開決定から文書のコピー交付・閲覧まで▽審査会が諮問を受けて答申するまで▽公開の決定変更から文書のコピー交付・閲覧まで——など（第二章の図を参照）。これらにも期限を設ける必要はないのか。

## 裁量に委ねたまま、行政判断の尊重規定

行政の一次的な判断を特別に尊重する法五条三・四号の規定について、検討会は多くの答申例などをもとに法の見直し作業を進めたが、最終報告の結論はあっさりとひと言、以下の「改善措置等」である。

「答申分析等による基準の具体化に際しては、五条三号、四号の規定が、行政機関の長の裁量判断を尊重するのにふさわしいものに限定して適用されることとなるよう留意する必要がある」

仮にそのような基準をつくったとしても、基準はあくまでも基準。結局は行政機関の一次的判断にゆだねるならば、元の木阿弥である。規定の構造上の問題にメスを入れずしては、問題の解決策として、あまりに楽観的にすぎる。

## 公務員の氏名で前進、枠組みは維持

「情報公開法要綱案の考え方」[注3]は、「不開示情報の定め方」の項で「不開示情報の規定は、できるだけ明確なものとすることが望ましい」としていた。では、その一つ、個人に関する情報について定める法五条一号は明確な規定となっているのか。施行から四年。運用でこそ検証が必要である。

検討会は検証を通して、以下の「改善措置等」を打ち出した。

「答申分析等による基準の具体化に際しては、個人識別型の規定の下で個人に関する情報について開示に支障のないものが不開示とされることなどがないよう留意する必要がある。職務遂行にかかる公務員の氏名については、特段の支障の生ずるおそれがない限り公開とする方向で統一した取扱方針を明らかにする。行政運営上の懇談会等の発言者の氏名については、各会議の性格等に応じ、公務員の氏名に準じて原則公開する方向で統一する」

つまり、行政機関の裁量を許さない明確な改善策として、「職務遂行にかかる公務員の氏名」と「行政運営上の懇談会等の発言者の氏名」については、基本的に原則公開とする統一方針を提案した。報告書全般にわたる改善策のなかでは、目を引く数少ないものの一つである。

だが、規定の基本構造である「個人識別型」の抱える問題点については、これに代わりうる「プライバシー型」の導入のプラス、マイナス両面の検証には踏み込まないまま、現状維持にとどまり、行政機関に対しては「留意」を求めるのみである。

## 最高裁への気遣い？　趣旨の確認にとどめる

解釈が大きく分かれる部分開示の現行規定は、そのよって立つところの法の趣旨をあらためて問い直し、明確な言葉で書き直す必要がないか検討する時がきている。

だが、検討会の報告は「部分開示に当たっては、不開示情報の単位のとらえ方について、情報公開法の規定の趣旨にのっとって判断すべきである」にとどめた。

最高裁の先行的な解釈によって大きな波紋を呼んだ規定。だが、その文言はもともと直す必要がないということか。あるいは、「法の番人」である最高裁の機嫌を損ねたくないということか。ものの言い方は控えめなものとなった。

## 文書管理法に踏み込まず

文書「不存在」を理由とする不開示が横行する実態をもとに、情報公開法のまっとうな運用の基盤として、文書の作成・保存・廃棄に関する厳格で行き届いた基準と、これに伴う廃棄記録の作成も含む義務、さらに、基準に反して廃棄した場合などに対する罰則を定めた文書管理法の制定が急務であるといわれる。

ところが、検討会の報告は、おおむね以下の「改善措置等」を指摘したものの、文書管理法の必要性には踏み込まずじまいだった。

「行政文書の不存在を理由とする決定について、行政機関等は、例えば次のような措置を講ずることにより、可能な限り、不十分な情報提供や不徹底な文書管理に起因するものが生ずることのないようにすることが必要である。

①開示請求があったとき、請求者に的確な情報提供を行うとともに、対象文書の特定が的確に行われるように、窓口の対応を徹底する。

②対象文書の探索の効率化、行政文書等の適正な保存の確保などの観点から、行政文書等の管理規定等に基づく文書管理の適正化を徹底する。

③効率的な行政文書の整理・分類を可能とするとともに、開示請求時の行政文書の特定の容易化、的確な文書管理の徹底のため、組織的・総合的な行政文書管理システムの整備を推進する」

体のよいお題目を並べても、法による強制がなければ、どこまで実効が期待できるのか、心もとない。

## 見直しの形跡ない存否応答拒否の規定

法施行以来の運用例を見ると、審査会答申が「存否応答拒否」の取り消しを求めたケースは、法人情報に関する分野が目立つなど適用範囲が広かった。米国やオーストラリアなどでは、運用上、あるいは法律の明文で適用分野が限られている。なぜ、このような違いがあるのか。関係データを収集・分析したうえで議論を深める必要があった。

しかし、検討会は答申例などをもとに議論はしたものの、最終報告では適用分野を限らない原則を維持し、ピントを外した以下の「改善措置等」を挙げるにとどまった。

「二〇〇五年四月から行政機関個人情報保護法等が施行されることにより、本人開示請求であることによる存否応答拒否は減少が見込まれるが、各行政機関等は、自己情報について開示請求をしようとする者に対して個人情報保護制度により開示請求を行うことができる旨を窓口で説明するなどにより、開示請求者の利便に留意する必要がある」

## 「適用外」「対象外」の改善には及び腰

検討会の報告は、刑事訴訟法の適用外については以下のように、司法関係機関に遠慮がちに要請する形でゲタを預けた。

「不起訴記録については、開示手続きに裁判所が関与しておらず、また、保管記録および再審保存記録と異なり、不服を処理する仕組みはない。訴訟に関する書類については、情報公開法の適用除外とされているが、刑事手続き上の開示制度において十分な開示がなされることが望まれる」

また、対象外の「歴史的資料」などについては、以下の「改善措置等」を提言した。

「利用制限に係る個人情報等の範囲は、情報公開法上の不開示情報の規定の範囲内となっているが、いつまで不開示とする必要があるのか、遺族への配慮をどうすべきかなど、時の経過に伴う開示基準をどう考えるか。歴史的資料等を保有する機関・施設のほとんどは、一般の利用の制限に関して不服がある場合の救済の仕組みを設けていない。機関・施設の性格や資料の性質に即し、国立公文書館で実施されているような不服申し出の仕組みを導入すべきだ」

改善策を一応示したが、ここに登場する国立公文書館の不服申し出の仕組みは館長の諮問委員会であって、情報公開審査会のような行政不服審査法にもとづくものではない。そこに早くも限界が見える。

## 法外な手数料、避ける政策的見直し

自治体に比べて法外な開示請求手数料とコピー代について、検討会の報告は以下の「改善措置等」で、一般的なコスト面などからの見直しと減免規定の趣旨の周知の必要性を説くにとどまり、政策的な見直し・軽減に一切触れなかった。

「手数料については、コストの変動その他を適切に勘案・配慮して見直しを行うとともに、公益上の理由による裁量的開示の場合等の減額・免除について、その趣旨の明確化と周知を図る必要がある」

また、請求件数の数え方についても、施行令の考え方の周知を説くにとどまった。

「請求件数の数え方については、密接な関連を有する複数の行政文書の考え方を改めて周知し、行政機関等は、請求者に対して行政文書の管理の方法等と併せて請求の件数の数え方について、できる限り十分な説明を行う必要がある」

## 先延ばしした提訴先の拡大

情報公開訴訟の提訴先を広げるかどうか。検討会は最終報告で、行政改革委員会と国会から問題解決を求められたにもかかわらず、以下のように「引き続き検討すべき課題」として再び先送りしてしまった。

「情報公開訴訟に係る管轄の在り方について、情報公開法に係る訴訟提起の状況等を見る限り現時点で判断することは困難と考えられる。二〇〇五年四月から施行される改正行政事件訴訟法による行政訴訟一般についての管轄裁判所の拡大後の状況をも踏まえたうえで、さらに検討する必要がある」

立法段階では行政事件訴訟法より先んじる先進性を示したのに、こんどは行政事件訴訟法の動向に右ならえする消極姿勢に転じたのである。

## 先送りを重ねた「知る権利」と「インカメラ審理」

「知る権利」の明記について、検討会はどんな議論をしたのだろうか。

「法の目的」がテーマに含まれていた第八回と第十回の検討会議事録を見るかぎり、あまり踏み込んだやりとりが交わされたようには見えない。後述するように、検討会メンバー八人のうち六人までが行政法学者であり、憲法学者を一人も加えなかったことも一因かもしれない。

最終報告は、「知る権利」と「説明責任」をめぐる状況を併記した。

「(前略) 情報公開法上に『知る権利』の文言が用いられていないことは、情報公開法が『知る権利』を排除することを示すものではない。また、情報公開法において開示請求権という権利が規定され、原則公開の考え方で情報公開の仕組みがつくられたことは、『知る権利』をめぐる議論を深めるに当たって重要な要素であるといえる」

「政府の『説明責任』の考え方については、情報公開法の他にも各種の基本的な法令に規定され、また、行政機関等の情報提供に係る施策の理念・目的とされるなど、浸透、定着しつつあるように見られる」

しかし、ここに記されている「『知る権利』をめぐる議論を深めるに当たって重要な要素である」とは、一体、何を言いたいのか。具体性に乏しく、併記の意味合いも不明瞭だ。

## 他の法律で導入進む「インカメラ審理」

「インカメラ審理」の導入について、総務省は検討会の事務局として、この問題を取り巻く状況をあらためて調べた。その結果、ほかのいくつかの法律に以下のようなインカメラ審理の手続きが盛り込まれているのがわかった。(注4)

▽民事訴訟で裁判所は、文書提出命令の対象文書が提出義務の例外規定に該当するかどうかを判断するため、その所持者に文書を提示させることができる（民事訴訟法二二三条6項）。

▽特許権などの侵害にかかる訴訟で裁判所は、侵害行為の立証または損害の計算に必要な書類の提出を当事者に命じ、所持者が拒んだときに正当な理由があるかどうかを判断するため書類を提示させることができる（特許法一〇五条2、3項）。

▽婚姻や親子関係などの人事訴訟で、当事者や証人が公開の法廷で陳述すると社会生活に著しい支障が生じる

のが明らかなために十分な陳述ができず、その陳述がなければ適正な裁判ができないと裁判官が全員一致で認めるとき、尋問を公開しないでできる（人事訴訟法二二条）。

不正競争防止法にも人事訴訟法と同様の規定があり、近年、他の法律にインカメラ審理が導入されだした。とはいえ、民事訴訟法の手続きでは、文書が提出されれば当事者はそれを共有するし、人事訴訟法や特許法の手続きはプライバシーや営業秘密を保護するためのものだ。しかし情報公開訴訟の場合は非公開文書が審理の本体そのものなので、共有しえない。その点が根本的に異なり、憲法が定める裁判公開の原則と向きあわざるをえない。

## 憲法の原則「裁判の公開」を前に逡巡

検討会では、公開原則の壁を乗り越えるため、「憲法の公開原則は裁判の公正が最大の保護法益。それを崩さない形で審理の充実に何らかの工夫、導入の余地がある」「適正な公開を促進するためのインカメラ審理であれば、それを求める当事者には問題ない。見ていない当事者にはインカメラ審理のゆえに不利益を被ることはないから、憲法に反しないのではないか」といった意見が相次いだ。

検討会に導入推進論が強いのは、国や地方自治体の情報公開審査会の委員として、インカメラ審理を実際に体験した人が多いせいかもしれない。

しかし、その結論は、問題解決をさらに先送りするものだった。「情報公開法要綱案の考え方」と同様、「引き続き検討すべき課題」として以下のようにプラス、マイナスの両面を併記した。

「審査会の調査審議においてインカメラ審理が有効であると認められること等に照らし積極的に導入を検討すべきとの考え方があるが、情報公開法に係る訴訟の状況等からその要否について現時点で判断することは困難であり、また、必ずしも法的問題についての議論が十分熟しているとは言えないことから、結論を出すには至らなかった。理論的実務的な今後の蓄積を踏まえつつ、引き続き検討する課題である」

ここでいう「訴訟の状況」とは、法施行から三年間に行政機関の長に対する情報公開訴訟が六十二件あり、また、不服申し立てを経て、あるいは、それと並行して提訴された事件計三十三件のうち、〇四年三月末までに答申と判決の両方が示された二十件について、それぞれ、おおむね同じ判断が示されたことを指す。インカメラ審理のメリットを説くには材料不足ということか。

## 憲法がからむ問題に憲法学者は不在

「知る権利」と「インカメラ審理」。かたや表現の自由、かたや裁判の公開という、憲法が密接にかかわる問題である。その解決が一筋縄ではいかないとしても、先送りとなりそうなことはある程度予想された。なぜなら、表1に掲げたように、検討会の構成メンバーに憲法学者が一人も加わっていないからである。小早川座長は、インカメラ審理の討議のなかで次のように発言している。

「憲法学者がいないからといってこの検討会で憲法解釈をしていけないということになるわけではないものの、委員の構成からしてやや限界はある。そこで、ものの言い方にも限度が出てくると思う」

行政改革委員会が要綱案をまとめたときの行政情報公開部会は表2の通り、より幅広い有識者でメンバーが構成されていた。ところが、検討会のメンバーは対照的に、ほとんどが行政法の研究者だ。なぜ、こんな構成となったのか。事務局の担当者はいう。

「法案づくりではなく見直しだから、座長と相談しながら審査会委員の経験など実務に詳しい人材にお願いした」

実務的なレベルの手直しですむ、との予断があったのではないか。

## 改革の主導権を国民、国会の手に

国民主権の理念にのっとった法律の見直しだから、検討会の委員らには、制度を利用する国民の側に立ち、できる限り理想に近づけようという志の高さと気概、重責を担う誇りと責任感が求められるが、そうしたものがなかなか伝わってこない報告書となった。

政府はこの報告を受けて、法改正案ではなく、運用の改善策にとどめる方針だ。

ここで、ひるがえって考えよう。情報公開法は、政府の保有する情報の開示請求権を国民に与え、政府に原則開示の義務を課すという法律である。付則は法の見直しを政府に求めているが、義務を課された側に抜本改善策を期待するのはもともと無理であったということだろう。検討会の報告が端的にそのことを物語る。

次の出番は、国民とその代表、国会である。情報公開法の見直しを「大山鳴動して鼠一匹」のたぐいに決して終わらせてはならない。

注1　総務省ホームページ
注2　第七回検討会（二〇〇四年十月二十一日）の「議論の内容」。総務省ホームページ
注3　前出。総務省ホームページ
注4　第八回検討会の配布資料8、第十回検討会の参考資料2
注5　第八回、第十回検討会の「議論の内容」
注6　第十回検討会「議論の内容」

# 付論　取材の新たな手段、情報公開制度

## ――紙面が裏付ける有効性、成否のカギは記者経験

各省庁が日々、作成あるいは取得する膨大な文書は、過去から現在、また将来にわたる政府の仕事一つひとつの記録である。朝日新聞社は、情報公開法が二〇〇一年四月に施行されたのを機に、これを取材の新たな手段として各省庁に文書を一斉に公開請求し、表に出ていない事実についてどれだけ特ダネ記事が書けるか、編集局をあげて取り組んだ。本書はいわば、その成功と失敗の、また、成果と教訓の報告書でもある。

### 各紙も一斉請求、特ダネ合戦に

施行にあわせて一斉請求したのは、朝日新聞の記者だけではなかった。請求件数や不開示に対し異議を申し立てるかどうかなどに程度の差はあれ、他紙も社をあげて取り組み、早い者勝ちに特ダネを競い合った。ネタや請求文書への目の付けどころは、それぞれに個性的だった。たとえば、法施行から間もなく各紙に相次いで掲載された主な記事を見出しで拾うと――。

「『啄木事件簿』非開示／19年前の企画展で公開したのに…／盛岡地検」（読売新聞、二〇〇一年四月二十一日夕刊＝のちに情報公開審査会の答申に従って開示）

「新潟県警不祥事で国家公安委／会議録、事実上の不開示／本社請求」（日本経済新聞、同年五月七日付朝刊）

「医療過誤訴訟／国立大病院１１２件／全国水準の３倍」（読売新聞、同月十八日付朝刊）

「269外郭団体 債務超過／自治体99年度／3社に1社赤字」（日本経済新聞、同月二十四日付朝刊）

「神戸空港開港 管制シミュレーション／関空と経路競合 神戸発着便に遅れ／国土交通省 報告書開示」（読売新聞、同月二十七日付朝刊＝大阪本社板）

「日債銀破たん処理で内部文書／監督庁『信認失墜を回避』／決定、通告の4日前」（日本経済新聞、同年六月七日付朝刊）

「旧長銀処理の資産判定／破たん懸念先も『適』に／再生委議事録開示」（サンケイ新聞、同月八日夕刊）

「周首相『日本軍国主義を心配』／田中首相『領土拡張の損は認識』／日中正常化 会談の秘録／本紙請求に外務省公開」（読売新聞、同月二十三日付朝刊）

「薬害ヤコブ病 危険硬膜96年まで在庫／87年に感染報告／15医療機関に52枚」（読売新聞、同月二十六日夕刊）

「在外公館、議員8716人に便宜／99年分／送迎や飲食など／主な原資 機密費か」（東京新聞、同月二十七日付朝刊＝共同通信の配信）

このように、個々の記者の才覚のうちではなく、メディアが総がかりで情報公開制度を取材の手段に活用する時代に入ってきたといえよう。

## 一般市民のための制度、と当初は傍観

そのようなメディアの転換には年数が必要だった。

日本に情報公開制度が導入されたのは、一九八〇年代はじめ。自治体が先行し、都道府県では神奈川県が八三年、最初に情報公開条例をスタートさせた。以後、大都市圏の自治体を中心に条例・要綱がどんどんつくられて

いった。そのなかで、制度の利用者はもっぱら一般の市民や住民たちだった。お上意識のもと、役所から遠ざけられてきた住民たちである。公文書の開示請求権を住民に与え、行政には原則公開の義務を課すこの画期的な制度は、願ってもないアクセス手段となった。

では、新聞記者たちはどうしたか。住民たちが制度で得た成果や、役所の対応のまずさを熱心に取材し、紙面で伝えた。だが、そのような観察者あるいは傍観者にとどまり、自らは制度を使おうとはしなかった。なぜか。記者たる者、特ダネは「夜討ち朝駆け」でかけずり回って当事者や事情通から取ってくるもの、一片の請求書類を役所に出したところで入手できる情報は知れている――そんな意識がベテランの記者ほど根強かった。

## やがて「請求体験記」が登場

それが、八〇年代の終わりごろから変わり始める。「請求体験記」などが紙面に登場するようになった。たとえば朝日新聞でみると、東京都内版で教育担当の記者がいくつかの自治体に体罰報告書を請求して、結果を比べている。(注1)府中市では学校名、校長名も公開されたが、都は、通知者についていたメモ書きの一覧表に概要があるものの、学校名も市町村名もなかった、などと書いている。

とはいえ、この記事の趣旨も、市民の取り組みの動きの紹介にとどまり、見出しも「情報公開制度　本欄の記者が『実験』」となっている。大阪の夕刊にも、「『体罰教師』を調べてみたら　校名と教科、半年がかり」という見出しの体験記が載った。(注2)日にちを追い、請求の手続きなどをとらせまいとする窓口職員とのやりとりなどをルポタッチで紹介、制度運用の問題点を浮き上がらせた。

だが、一歩進んで、記者自身がふだんの取材で目当ての情報を入手できず、制度に活路を見いだそうとする例も出てきた。結果を紙面で報告もしている。

陥没事故の続いた栃木県宇都宮市の大谷石廃坑問題で、記者は県に対し、「坑内採掘跡地調査平面図」の公開を求めた。県は「必ずしも正確でない概略図の公開は社会的混乱を招く恐れがある」などと不開示にした。紙面では、県が内部の参考資料といいながら公文書扱いしていたことがわかったと指摘し、不開示の根拠に生命、身体、財産の保護より公共の安全と秩序の維持を優先させたと結論づけた。(注3)

鳥取県では、県の進めるリゾート構想についてゴルフ場やテニスコートの配置図の公開を記者が求め、県は「公開すれば行政運営の円滑な推進に支障がある」「国との信頼・協力関係を著しく損なう」などの理由で不開示にした。異議申し立てに審査会も県の主張を認めた。一連の経過と体験記は「一般市民にはほど遠く　敷居高かった公文書公開条例」の見出しで県版を埋めた。(注4)

制度を記者らが使い出したこれらの事例は、日本新聞協会の機関誌「新聞研究」一九九四年三月号に筆者が「情報公開制度は取材の手段になるか」の題で紹介した。

## オンブズマンの一斉請求も後押し

さらに、九〇年代半ばになると、弁護士らを中心にした全国組織の行政監視団体「市民オンブズマン」の活動が記者らに刺激を与えた。彼らは、公金の不正使用を追及するため、都道府県や政令都市に対しそれぞれの条例を使って関係書類を一斉に請求し、役人同士の「官官接待」や「カラ出張」などの実態を次々と明るみに出し、役人たちに返金をさせるなどしていった。情報公開訴訟でも、不開示について行政側が立証責任を求められる条例の仕組みをテコに相次いで勝訴し、奮闘ぶりが目立った。

こうした成果を取材に行った記者らが、弁護士らから「情報を取るプロの君たちがわれわれに聞きにくるのか」とからかわれ、屈辱を味わわされた。そんなエピソードを筆者は当時、社内の幹部から聞いた。役所には隠された情報は山とあるのだから、問題意識をもつさまざまな立場の人々がそれぞれに事実を発掘し、それを紙面で伝えていくのもメディアの重要な役割の一つだ。そんな言葉を返されたからといって、記者はそこでたじろぐこともない。だが、記者らはその後、自分たちでも構造的な問題に的をしぼった文書の公開請求に乗り出し、紙面キャンペーンを独自に展開するようになった。

## 法施行時には広がっていたすそ野

情報公開法が施行されたころは、筆者が携わったプロジェクトとは別に、全国の支局や本社の記者らが県条例などを使った自らの請求結果を県版や全国版で連日のように伝えるようになっていた。そのことは、以下の朝日新聞記事データベースでうかがえる。同紙記者が請求し、開示あるいは不開示となったとの記述のある記事を、法施行から間もない半年間に拾ってみると――。（断りのない全国版の見出しは東京本社発行の紙面による）

【二〇〇一年七月】
「常任委議事録、初の公開　鳥羽市議会、５時間半の審議」（六日付三重版）
「県土地連、自民や新進のパーティー券購入　改良区で恒常化」（十三日付宮城版）
「医師会費、『個人分』も県負担　昨年度までの県立病院長分」（十八日付千葉版）
「ベビーホテル、７割近く『不適』　自治体調査結果、厚労省開示」（三十一日夕刊）
【八月】
「『つくる会』教科書採択協議事録開示　公立採用ゼロは薄氷」（十七日付栃木版）
「農政関連の県職員、７割以上が天下り　96～00年度」（十七日付宮城版）

「警察、米に反対運動報告　米艦・舞鶴寄港時　米文書記載」（二十一日付朝刊）
「『墨塗り』政治家名開示　土地改良区のパーティー券購入問題」（二十三日付宮城版）
「『事業の執行に支障』　官製談合で職員名非公開の根拠に知事」（二十四日付宮城版）
「身内の飲食に会議費　松江地裁、96～00年度分を公開」（三十一日付島根版）

【九月】

「歴史教科書採択問題、やりとり詳細不明　県教委、会議録開示」（十五日付愛媛版）

【十月】

「石川労働局の公費飲食、1千万円　特別会計から支出」（六日付大阪本社朝刊）
「概要のみで会議の『中身』見えず　県公安委の会議録公開」（十七日付神奈川版）
「警官懲戒、5年で19人　情報公開の請求で判明」（十八日付山梨版）
「県警、警官4人を訓戒処分　留置場で自殺未遂など2件」（同日付和歌山版）
「情報公開請求で懲戒処分者はすべて黒塗り　三重県警」（十九日付名古屋本社朝刊）
「捜査対象から借金　愛知県警警部補が私的犯歴照会も」（十九日付同）
「懲戒処分の一覧、所属は開示せず　道警の情報公開」（十九日付北海道版）
「道警内セクハラ対策は『×』　警察庁が改善を要求」（二十日付同
「県警本部長の交際費支出は2万8千円　今年4～8月」（二十三日付岩手版）
「狂牛病感染文書放置問題　肉骨粉の加工手順詳細に」（二十七日付朝刊）
「神奈川県警、11年で76人免職　『規律違反台帳』を公開」（三十日夕刊）
「県警、20人を懲戒処分　今年1～9月、うち3割公表せず」（三十一日付栃木版）

【十一月】
「県警食糧費、懇談会に1人1万2千円　『常識の範囲』説明」（一日付神奈川版）
「金沢大助教授、企業と私的契約　1780万円受け取る」（二日付大阪本社朝刊）
「教科書選び、議事録空疎　地区協議会―愛知の場合」（二日付名古屋本社朝刊）
「23県立病院が政治団体費　11県公費から　602人分187万円」（二日付朝刊）
「業者指名も働きかけ　競売入札妨害容疑の大沼県議」（三日付宮城版）
「1日まで全頭陰性　函館保健所の狂牛病検査」（八日付北海道支社朝刊）
「警官不祥事、11年で40件　情報公開で判明　島根県警」（十六日大阪本社夕刊）
【十二月】
「須坂市も6人分交付、全員が朝鮮籍　登録原票問題」（七日付長野版）
「欧州視察、まるで観光　自民・吉田参院議員、長野県議会議長当時に」（十七日付朝刊）
「1年余で3千万円、54人参加　県議会海外視察　本社調べ」（十七日付長野版）
「道路陳情『同伴』で上京　自治体の決起大会に国交省出先」（二十日付朝刊）
「タイで県議、観光地巡り　企業視察1日だけ　今年の海外視察」（二十一日付長野版）
「『言い分』つき口利き実態　佐賀市への『要望』報告書公開」（二十五日付西部本社朝刊）
「ちかん・盗撮…大阪府警、不祥事続々32人処分　99年〜今年9月」（二十八日付朝刊）
「藤沢市が一転、判決文を公開　箱ブランコ訴訟」（二十九日付神奈川版）

## 欧米の記者らが先行、日本の特派員も利用

記者らが情報公開制度を使って特ダネを報じるのは、じつは、制度の歴史が長い欧米では定着している手法である。朝日新聞が一九八〇年に展開したキャンペーン「開かれた政府を」シリーズで一端が紹介されている。（注5）

情報自由法（ＦＯＩＡ）を六六年につくった米国――。ワシントン・ポスト紙は同法を使って、国会議員の視察旅行の収支報告書にあるホテルの勘定書きやレストランの領収書などの伝票類を国務省から入手し、「国会議員が税金で豪勢な外国旅行」という見出しの記事を書いた。

ＡＢＣシカゴ放送局の記者は、自分について政府がもっている記録を見たり、間違っていたら訂正を求めたりできることを定めた「プライバシー法」を試しに使って、自分のファイルがあるかどうかを確かめた。その結果、連邦捜査局（ＦＢＩ）が、ずっと昔に反戦デモに参加したころに正体不明の人物としてファイルを作り、調べ続けてきたことが判明。ニュースでそんな実態を伝えた。プライバシー法も、米国の情報公開法のひとつだ。

二百年以上も前の一七六六年に「出版の自由法」がつくられたスウェーデンでは、官庁に届いた文書は公開される。あるとき首相官邸に、不正融資疑惑の追及から逃れて豪州に身を隠していた英国の元大臣から亡命を嘆願する手紙が届いた。新聞はこれを大見出しで報じたため、元大臣は英国へ送還された。

カナダでは情報権利法のある州で、警察当局が酒類関係の代理業者の事務所を捜査した。贈収賄につながるとの見方があったのに捜査はしりすぼみに。疑問をもった放送局の記者が捜査令状の公開を求め、裁判のすえ、公開された。内容が報道され、元州首相である連邦政府の現職大臣が州首相就任前から業界の献金を受けていたことも明るみに出た。

情報自由法の歴史が三十数年の米国には、専門分野に応じて同法によって政府から文書を収集し、自他の活動に役立てている民間組織がいくつもつくられている。その一つが、外交・防衛情報を専門とする「ナショナル・

セキュリティー・アーカイブ」（The National Security Archive＝NSA）。ジョージワシントン大学に拠点を置き、内外の多くの研究者やジャーナリストらが利用している。

朝日新聞記者もたとえば情報公開法の施行の前年に、ここから得た米政府の文書をもとに次の特ダネを一面と特集面で伝えた。

「核寄港は事前協議せず／日米安保密約の全容判明／朝鮮有事での出撃も／米国務省文書に明記」（二〇〇〇年八月三十日付朝刊）

その内容は、「一九六〇年の日米安保条約改定の際に日米両政府が結んだ秘密合意の全容が、米国の研究機関が入手した米国務省文書から明らかになった」とするもの。ここに記された研究機関がNSAである。文書は、米国立公文書館で機密解除された国務省北東アジア部のファイル「議会用説明資料集」の中にあった。NSAが一九九九年秋に入手したが、その直後に「安全保障」上の理由で再び非公開となったと記事にある。この文書は「秘密合意は、核兵器を積んだ米艦船が日本に寄港したり、朝鮮半島有事で米軍が日本国内の基地から出撃したりする場合には、日本との事前協議は必要ない」との内容を明記しているという。日本政府は秘密合意を一貫して否定してきたが、「合意内容そのものを含む文書が出たことで、密約の存在は動かせなくなった」と記事は結論づける。

このように日本の記者をはじめ、作家らも米国・FOIAで得られた情報などをもとに、いくつもの特ダネを発掘し、伝えてきていた。それなのに、多くの記者たち、また、メディア総体の意識変革には年月がかかった。舞台がそうやって回った時期に、国の情報公開法は成立し、施行されたのである。

## 制度を取材に活用するメリット

朝日新聞社がプロジェクトを立ち上げたとき、事務局スタッフだった筆者は、各本社・支局への説明行脚などで、同法を取材に使うメリットとして以下のような点を挙げた。

（一）文書そのものを入手できる

従来の取材方法では役人の口頭説明に終わることが多い。情報公開制度では、たとえ不開示とされても、存否応答拒否を除けば、少なくとも文書の有無が分かる。部分開示でも、ときに開示部分にヒントの情報がある。行政機関にとっては、不開示に対して不服申し立てによる審査、ときにはさらに裁判が続くので、むやみに不開示にしにくい。

（二）しばしば想定外の文書が出る

文書名が分からなくても、ある程度しぼり込んで「○○に関する文書」とすれば、行政側が該当する文書を探してくれる（法第四条）。その結果、しばしば想定外の文書をも入手できるので、目の付けどころ次第では思わぬ紙面展開ができる。尋ねたことしか役人が答えない従来の取材と違う。

（三）網羅的な調べものができる

日米安保改定・沖縄返還や諫早湾干拓事業、愛知万博など大がかりなテーマでは、さまざまな視点から請求を重ねると、それらの「舞台裏」など多面的な全体像をつかめてくる。過去の重大事件、疑惑なども洗い直しが可能だ。

（四）各国の情報公開法との「両刀使い」もできる

総務省によれば、「何人も」公開請求できる（法第三条）のは日本のほか、スウェーデン、デンマーク、ノルウェー、フィンランド、オランダ、オーストリア、ベルギー、フランス、ハンガリー、イギリス、アイルランド、米国、オーストラリア、コロンビア。また、カナダ、ニュージーランド、イタリア、スペインも一定条件で認める。日本との二国間で共有する外交文書などを同時に両政府に公開請求し、どちらからでも成果があれば紙面化できる。結果の比較もできる。情報公開法と自治体条例との「二刀流」もやれる。

## 情報公開制度は「鬼に金棒」か

記者が情報公開制度を取材の手段として活用することの有効性は、本書の第一章などで紹介したように新聞各紙のさまざまな特ダネ記事がその一端を実証してみせた。過去、先輩記者たちは政治家や政府・省庁、自治体などの公権力の秘密主義に風穴を開け、そこにひそむ不正を暴き出すために奮闘してきたが、それでも手が届かなかった事実が情報公開制度によっていくつも明るみにされている。

では、情報公開制度は記者にとって、公権力の秘密主義の壁を打ち破る「鬼に金棒」、不正をただす万能の「劇薬」なのだろうか。

結論から言えば、そう甘くはない。

すべての公文書が対象で原則公開ではあるが、本書で指摘してきたように、なお秘密主義の壁は厚い。目当ての文書をあぶり出すのに、行政側との交渉や駆け引きも必要だ。朝の出来事はその日の夕刊に、深夜の出来事は翌日の朝刊に、と速報性を売り物とするメディアにとって大きなネックは、文書を入手するまでに一定の日にちがかかることである。不開示に不服を申し立てれば、さらに長い月日を要することは本書で見てきた通りだ。長期戦はメディアの苦手とするところである。

そして、制度活用の成否の最大のカギは、やはり、記者が豊富な取材経験を積んでいるかどうかである。

## やはり、特ダネは「足で稼ぐ」が基本

制度の活用はときに効果的ではある。とはいえ、それは取材の過程に必要ないくつもの手段の一つにすぎない。紙切れ一枚の請求書類を役所に出すだけでは、いい原稿は絶対に書けない。「記者は足で稼ぐもの。役所に請求文書を出してコト足りる、なんて邪道だ」。ベテランの先輩記者たちが口にしてきたその言葉は、その通り、いまも正しい。筆者はプロジェクトの事務局に入って、多くの一線記者らと請求案を詰め、入手した文書を記事に仕立てる作業にかかわりながら、そのことをあらためて実感した。

まず、目の付けどころ、つまり、何がニュースか、そのニュースセンスがすべての出発点だ。そのためには、結果は空振りに終わろうとも、埋もれたネタの存在を予測して入念な下調べや事情通からの予備取材がいる。さらに、役所が「そんな文書はない」とはぐらかし、逃げ込む道をふさぐ請求文書のつくり方を考えなくてはならない。これは、生身の人間同士でやりとりする従来の取材と本質的に変わらない。

何らかの該当文書が開示されれば、あとの仕事は従来とまったく同じだ。外務省による「外交文書公開」で各紙が競い合う紙面をイメージしたらよい。文書を読みあさり、登場人物や出来事の関係者に次々と当たってネタを確認し、専門の研究者から談話もとって、縦横に紙面展開をする。そこでは、専門用語の多い行政文書の読解力や、ネタを裏付ける瞬発力のある臨機応変の取材力が求められる。「情報公開法による取材では、記者の力量が試される」。プロジェクトに携わったデスクの一人はそう述懐した。

## ヒョウタンからコマも制度ならでは

たとえば、本書第一章に紹介した次の事例。

京都府警の現職警察官が押収品の覚せい剤を盗んで使うという前代未聞の不祥事ののち、警察庁が京都府警に

対し抜き打ちでおこなった監察の「特別監察実施結果」。入手した記者の請求の狙いはもともと違っていた。他県警と同様、京都でも官官接待などがなかったかという関心だった。ところが、届いた資料の重点は覚せい剤汚職だった。総じて身内による甘い調査結果だったが、読み返すうち、事件後も押収覚せい剤をずさんに管理しているという指摘個所を見つけ、京都府警の幹部を問い詰めた。請求の狙いとは違っても、資料を読み込んで特ダネをものにした好例である。当時、記者歴十三年の経験とカンが生きた。

クロイツフェルト・ヤコブ病の裁判を追っていた大津支局の記者は、当時の厚生労働省が感染源とされるヒト乾燥硬膜の使用中止を決めるまでメーカーとどんなやりとりをしたか、関連文書を請求したら、大量の文書が公開された。他社や弁護団も請求したとの情報を得ていたので、東京本社に急ぎ持ち込み、厚労省担当の記者とともに解読。ほとんどが脳外科手術で使われる硬膜が歯科にも納入されていた事実を見つけ出した。手分けして歯科医らに次々とあたって、一面トップ記事に仕立て上げた。

## 本社・部の壁を越えてつかむ成果

本書の「はじめに」で触れた、公務員ノンキャリアの天下りの実態を伝えた東京本社の特ダネも、部の壁を越えた速攻作戦が実ったものだ。事務局のアイデアによる請求に対し、人事院をもとに、あわせて二十一省庁分、計八百三十一枚の資料が開示された。省庁と関係がある営利企業へ天下りするにあたって、対象者ごとに退職前五年間の仕事の内容をもとに再就職先をチェックした審査書類である。ただちに政治、経済、社会など関係各部から中堅記者を集めて取材チームを編成。一週間余りで文書のデータを分析し、郵政ファミリー企業などへの再就職者を追って走り回った。

「はじめに」の冒頭で紹介した「国立病院の医療事故１４７件　昨年まで2年、厚労省開示」の紙面化には、さらに大がかりな社内連携プレーが必要だった。なぜなら、開示拡大を厚労省に対して求める審査会答申を夕刊一面トップで先行して伝えたので、競争相手の他社に開示の予定をわざわざ知らせるところとなったからだ。開示されたのは、厚労省の朝の開庁と同時刻。昼どきをはさむ夕刊各版の締め切りまでの二〜三時間にどれだけ多くの事故例を取材し執筆できるか、まさに寸刻を争う勝負となった。

事故は全国の国立病院に及んでいると見込んで、前日までにすべての道府県にある支局に当日の緊急取材の準備を要請。当日朝は関係各部の記者十人余りが待機し、開示文書を担当記者が厚労省から社に持ち込むや、道府県ごとに振り分けて各支局にファクス送信するとともに、本社待機組がコピーを分担して解読に当たった。受け取った支局の記者らは該当する病院に次々と散らばり、資料にはない情報も含めて責任者からの裏付け取材を急いだ。支局から東京本社に届いた原稿を待機組が取捨選択しながら総がかりでまとめ、夕刊の一面と社会面に、さらに支局員らがそれぞれ翌朝刊の各地方版に書き込んで一斉に載せたのが、上記の見出しなどの一群の記事である。他紙も同じように朝から追いかけて、こぞって夕刊に突っ込んだ。

メディアが情報公開法を取材の手段とする新しい時代の幕開けを象徴する光景だった。

## なお、イタチごっこは続く

今日、そのような時代に入ったのではあるが、じつは、自治体に情報公開条例がつくられるころ、この制度がマスコミの取材・報道の自由を縛るようなことがないのか、と心配する声があった。

情報公開法や条例には、プライバシー保護や意思形成過程、国などとの協力関係、治安などを理由に非公開としなければならない、また、非公開にできる「適用除外事項」がある。マスコミ側には、この制約がそれまでの取材・報道の自由を縛るものとして働く心配があり、制度化にあたって注文をつけているケースがある。

大阪府では各層の代表を集めた「情報公開府民会議」が条例づくりに提言をしたが、参加したマスコミ側の要請で、制度化の基本原則に「制度の実施によって、報道の自由が不当に制限されてはならないものであることに留意すべきである」との文言が加えられた。（注6）

この制度化への提言に先立つ府民会議の小委員会で、マスコミ代表の委員はこう述べている。

「非公開とすべき、あるいは非公開とできる情報についても、これまで報道やマスコミは自由に取材してきた。取材活動を正当に保障されなければ報道の自由はない。非公開情報が明確に決まってしまった場合、そのことが理由で報道の取材活動が制限されると困る」（注7）

この発言者は慧眼の士である。不幸にも、その心配は当たったのである。

筆者は本書第二章で、外務省をはじめとする省庁が公開請求にただちに応えようとしないことについて、制度の趣旨を理解しない役人が少なくないと嘆いた。そのくだりに続けて、自治体を取材する複数の後輩記者たちから次のような質問を筆者は何度か受けたと書いた。

「幹部職員への取材で、知りたい情報の関係文書を見せてほしいと求めたら、『情報公開条例で請求してください』と言われた。そのつど、『なぜ、すぐに見せられないのか』と押し問答をしなければならない。すぐに説得できるマニュアルはないか」

このような対応をする自治体の幹部職員は、情報公開制度を隠れ蓑として、まさしくマスコミの取材・報道の自由を制約しようといるのである。それ以外のなにものでもない。

本書で検証してきたように、情報公開法は画期的な法律ではあるが、その仕組みには欠陥があり、その具体的な運用実態からは霞が関の秘密主義の壁はなお厚い。統計的なデータや、職員の天下り、公金の不正支出などの情報は明るみに出やすくなったが、日米、日ロ関係などの外交文書に見られるように政策過程を記す文書は、その作成・取得からの年月にかかわらず、守秘のガードは固い。法の見直しにおいても政府は抜本的な改革を望まず、自分たちの裁量のうちで改善のそぶりを見せようとしている。

情報公開制度ができても、ガラス張りの政府を求める国民や市民・住民と、秘密主義に閉じこもろうとする霞が関や自治体の役人たちとのイタチごっこは続く。そんななかで、プロ集団のメディアに携わる者は、一つひとつの具体的な文書請求を重ねながら、彼らを一歩一歩と押し返し、よりよい制度の実現に貢献していく重い責務を負っている。あるべき姿を口で叫ぶだけでは、山は動かない。

注1　朝日新聞、一九九〇年十月二十日付朝刊
注2　同、八九年十一月九日夕刊、大阪本社版
注3　同、八九年三月三日付朝刊、栃木版
注4　同、九二年五月八日付朝刊、鳥取版
注5『開かれた政府を―情報公開　世界の現状』（朝日新聞社、八一年）にまとめられている
注6　大阪府情報公開府民会議「情報公開の制度化への提言」、八三年五月
注7　大阪府情報公開府民会議第四回小委員会の議事録、八二年九月八日

# 資料

## 「情報公開法の制度運営に関する検討会」（座長＝小早川光郎・東京大学大学院教授）の報告（骨子）

### 全体的な状況

当検討会は、法施行四年後の見直し作業の一環としての検討をおこない、摘出された問題点について所要の改善措置および引き続き検討すべき課題を指摘している。本報告を踏まえ、政府において情報公開法の制度運営について実効性のある改善方策が速やかに採られるよう要請する。

また、情報公開法の制度運営の検討や見直しは今回で終わるものではない。政府においては、情報公開法制が実効的な制度として機能するよう、引き続き、情報公開法の制度運営の状況を把握していくことが重要である。そのうえで、今回の報告に基づく改善方策の成果、情報公開法制をめぐる諸制度の状況の変化等を踏まえ、本報告で引き続き検討すべきとした課題も含め、適切な時期に、必要な見直しをおこなうことにより、よりよい制度として発展させるよう努力する必要がある。

### 法目的

情報公開法上に「知る権利」の文言が用いられていないことは、情報公開法が「知る権利」を排除することを示すものではない。また、情報公開法において開示請求権という権利が規定され、原則公開の考え方で情報公開の仕組みがつくられたことは、「知る権利」をめぐる議論を深めるに当たって重要な要素であるといえる。

政府の「説明責任」の考え方については、情報公開法の他にも各種の基本的な法令に規定され、また、行政機関等の情報提供に係る施策の理念・目的とされるなど、浸透、定着しつつあるように見られる。

## 対象文書等

### ●歴史的資料等

利用制限に係る個人情報等の範囲は、情報公開法上の不開示情報の規定の範囲内となっているが、いつまで不開示とする必要があるのか、遺族への配慮をどうすべきかなど、時の経過に伴う開示基準をどう考えるか。歴史的資料等を保有する機関・施設のほとんどは、一般の利用の制限に関して不服がある場合の救済の仕組みを設けていない。機関・施設の性格や資料の性質に即し、国立公文書館で実施されているような不服申し出の仕組みを導入すべきだ。

### ●訴訟に関する書類

不起訴記録については、開示手続きに裁判所が関与しておらず、また、保管記録および再審保存記録と異なり、不服を処理する仕組みはない。訴訟に関する書類については、情報公開法の適用除外とされているが、刑事手続き上の開示制度において十分な開示がなされることが望まれる。

## 開示・不開示の範囲等

### ●個人に関する情報

答申分析等による基準の具体化に際しては、個人識別型の規定の下で個人に関する情報について開示に支障のないものが不開示とされることなどがないよう留意する必要がある。職務遂行にかかる公務員の氏名については、特段の支障の生ずるおそれがない限り公開とする方向で統一した取扱方針を明らかにする。行政運営上の懇談会等の発言者の氏名については、各会議の性格等に応じ、公務員の氏名に準じて原則公開する方向で統一する。

●**法人等に関する情報**

答申分析等による基準の具体化に際しては、不開示情報としての任意提供情報に当たるか否かの判断要素として、公にしないことの慣行の有無等の客観的要件が適切に用いられることとなるよう留意する必要がある。

●**国の安全等に関する情報、公共の安全等に関する情報**

答申分析等による基準の具体化に際しては、五条三号、四号の規定が、行政機関の長の裁量判断を尊重するのにふさわしいものに限定して適用されることとなるよう留意する必要がある。

●**審議・検討等に関する情報**

法第五条五号および独立行政法人等情報公開法第五条三号の規定の趣旨に則して、限定的に適用されることとなるよう配慮する必要がある。答申分析等による基準の具体化にあたっても、同様に留意する必要がある。

●**事務事業に関する情報**

答申分析等による基準の具体化に際しては、各行政機関等は、それぞれの多種多様な事務事業の性質に応じてその適正な遂行に支障を及ぼすおそれをできる限り具体的に定めるよう努める必要がある。

**●部分開示**

部分開示に当たっては、不開示情報の単位のとらえ方について、情報公開法の規定の趣旨にのっとって判断すべきである。

**●公益裁量開示**

規定が置かれた趣旨を踏まえて、行政機関等において個別の事案に即して的確な解釈、判断を行っていくことが望まれる。

**●存否応答拒否**

二〇〇五年四月から行政機関個人情報保護法等が施行されることにより、本人開示請求であることによる存否応答拒否は減少が見込まれるが、各行政機関等は、自己情報について開示請求をしようとする者に対して個人情報保護制度により開示請求を行うことができる旨を窓口で説明するなどにより、開示請求者の利便に留意する必要がある。

**●対象文書の不存在**

対象文書の不存在を理由とする決定について、行政機関等は、例えば次のような措置を講ずることにより、可能な限り、不十分な情報提供や不徹底な文書管理に起因するものが生ずることのないようにすることが必要である。

①開示請求があったとき、請求者に的確な情報提供を行うとともに、対象文書の特定が的確に行われるように、窓口の対応を徹底すること。

②対象文書の探索の効率化、行政文書等の適正な保存の確保などの観点から、行政文書等の管理規定等に基づく文書管理の適正化を徹底すること。

③効率的な行政文書の整理・分類を可能とするとともに、開示請求時の行政文書の特定の容易化、的確な文書管理の徹底のため、組織的・総合的な行政文書管理システムの整備を推進すること。

## 開示請求から実施までの手続き

### ●請求時の窓口対応等

対象文書の特定に当たっては、行政機関等と開示請求者が互いに協力することが重要である。行政機関等は、次のような措置を講ずることにより、特定が不十分なまま事務処理が進められ、後で紛争が生ずるなどの問題が生じないようにする必要がある。請求者も請求の趣旨、求める情報の内容等を具体的に伝えることが求められている。①特定に必要な情報の提供を積極的に行い、請求文書を請求者に明確に特定させたうえで事務処理を進めることを徹底すること②行政文書ファイル管理簿は、ファイルの内容ができるだけ分かりやすいようにファイル名を記載するなど、請求時の文書特定に有効に活用できるものにすること。

### ●請求の単位

請求件数の数え方については、密接な関連を有する複数の行政文書の考え方を改めて周知し、行政機関は、請求者に対して行政文書の管理の方法等と併せて請求の件数の数え方について、できる限り十分な説明を行う必要がある。

●苦情・意見等への対応

情報公開法の運営に関する苦情については、各行政機関等の情報公開窓口等において適切に対応するとともに、情報公開の制度運営に関する意見等については、各行政機関等の情報公開窓口のほか情報公開総合案内所や電子政府の総合窓口等を通じて広く収集、蓄積し、今後の運営の改善等の参考とすることができるようにする必要がある。

●開示決定等

行政機関等は、次のような措置を講ずることにより、請求事案の処理が迅速かつ円滑に行われ、法に定められた開示決定等期限が遵守されるようにする必要がある。①事案ごとの処理状況を管理部門等が把握・管理できるようなＩＴを活用した仕組みを整備することにより、事案処理の進行管理を徹底すること②開示請求者の求めに応じて、事案処理の進行状況と見通し等を連絡すること

不開示決定（存否応答拒否の場合を含む）をしようとする際には、行政機関等において根拠条文とその根拠を示すことを徹底する必要がある。特に、文書の不存在を理由とする不開示決定については、例えば、対象文書をそもそも作成・取得していない、作成したが保存期間が経過したので廃棄した、あるいは個人メモであって組織共用文書ではないから対象文書としていないなど、不存在の要因についても付記することを徹底する必要がある。

●開示請求手数料・実施手数料

手数料については、コストの変動その他を適切に勘案・配慮して見直しを行うとともに、公益上の理由による裁量的開示の場合等の減額・免除について、その趣旨の明確化と周知を図る必要がある。

## 不服申し立て

●審査会への諮問

次のような措置を講ずることにより、不服申立てを受けた行政機関等により可能な限り速やかに諮問がされるようにする必要がある。①諮問の際に必要となる標準的な書類と内容について周知・徹底すること②第三者への意見照会、原処分庁への事実確認等、諮問までの事務処理を類型化し、それらについて、特段の事情がある場合を除いた目標的な処理期間を設定して、管理部門等による事案処理の進行管理の徹底を行うこと③不服申立人の求めに応じて、事案処理の進行状況と見通し等を連絡すること④諮問までに長期間を要した事案については、件数、諮問までに要した期間とその理由等について年一回公表すること

●裁決・決定

各行政機関等は、次のような措置を講ずることにより、答申を受けてから裁決・決定までの事案処理が迅速かつ円滑に行われるようにする必要がある。①管理部門等による事案処理の進行管理の徹底を行う②不服申立人の求めに応じ、事案処理の進行状況及び見通し等を連絡する③裁決・決定を行うまでに長期間を要した事案については、件数、裁決・決定までに要した期間とその理由等を年一回公表する

## 情報公開訴訟

### ●裁判管轄の在り方

情報公開訴訟に係る管轄の在り方について、情報公開法に係る訴訟提起の状況等を見る限り現時点で判断することは困難と考えられる。〇五年四月から施行される改正行政事件訴訟法による行政訴訟一般についての管轄裁判所の拡大後の状況を踏まえたうえで、さらに検討する必要がある。

### ●インカメラ審理

情報公開訴訟におけるインカメラ審理については、審査会の調査審議において有効であると認められること等から積極的に導入を検討すべきとの考え方があるが、情報公開法に係る訴訟の状況等からその要否を現時点で判断することは困難であり、また、必ずしも法的問題についての議論が十分熟しているとは言えないことから、結論を出すには至らなかった。理論的実務的な今後の蓄積を踏まえつつ、引き続き検討する必要がある課題である。

## 行政文書等の管理

行政文書等の適正な管理は、情報公開法の適切かつ円滑な運用の前提となるものであることから、各行政機関等は、例えば、職員を対象とした研修等の機会を通じて、適正な文書管理の徹底を図る必要がある。

社会のＩＴ化の進展に対応するとともに、行政機関が保有する膨大な行政文書を適正かつ効率的に管理するため、作成・取得から保存、廃棄または移管までの文書の管理を総合的に行うことのできるシステムの整備を推進していく必要がある。

## 情報提供施策

### ●行政機関による積極的な情報提供

各行政機関は、情報提供の質的充実と量的拡大を図るため総合的な施策を推進する必要がある。（以下略）

### ●独立行政法人等の情報提供

独立行政法人等についても、行政機関と同様、情報提供の質的充実と量的拡大を図る必要がある。

### ●審議会等の公開

審議会等及び行政運営上の懇談会等については、各行政機関において、今後とも、その議事内容を始めとして情報提供の充実を図る必要がある。

## 行政機関等以外の情報公開

### ●国会、裁判所の情報公開

情報公開制度は、国民主権の理念にのっとり、政府の諸活動を国民に説明する責務が全うされるようにするためのものである。国会および裁判所においても、それぞれの機関の実情に応じて、さらなる情報公開の充実が望まれる。

### ●指定法人等の情報公開（略）

# あとがき

ボタンのかけ違い――。

二〇〇五年三月十八日、総務副大臣主催の「情報公開法の制度運営に関する検討会」の最終会合に提出された報告案に、いや、これに先立つ前二回の会合の「事務局案」や「報告書素案」に目を通したときから、筆者の脳裏をよぎったのはこの言葉である。いずれの案も、行政法研究者や弁護士ら八人の委員の手によるのではなく、事務局・総務省の官僚らによってまとめられた。だが、委員らから強い異論もほとんど出ないまま、言い回しに多少の修正を加えただけで了承された。そのことが、検討会と報告の性格、限界を物語る。

情報公開法は第一条にあるように、「国民主権の理念にのっとり」、国民に「行政文書の開示を請求する権利」を与え、「もって政府の有するその諸活動を国民に説明する責務が全うされるようにするとともに、国民の的確な理解と批判の下にある公正で民主的な行政の推進に資すること」を目的とする。それなのに、法案は国民の代表である国会によってではなく、義務を課された政府の手でつくられ、国会に提出された。法が付則でその見直しを課した相手も政府である。ボタンのかけ違いはここに始まる。おのずと、限界は宿命であった。

ここで筆者が思い起こすのは、米国・情報自由法（ＦＯＩＡ）が一九七四年に抜本改正されたときのドラマである。手厚い司法救済など現在の特徴的な規定は、この改正で設けられた。裁判所のインカメラ審理、行政機関の一次的判断を棚上げする覆審的審査、原告勝訴なら政府に弁護士費用などを負担させる、恣意的な不開示への制裁……。さらに、公益目的の請求での手数料減免、開示・不開示の決定までの期限設定、部分公開の義務……。

これほど画期的な改正へと連邦議会を走らせたのは、政府の秘密主義への傾斜と裁判所の無力ぶりだった。ニクソン政権下、与党・共和党員によるスパイ活動が発覚したウオーターゲート事件、核実験に関する大統領への勧告書などの開示拒否の当否について連邦最高裁が「大統領命令による秘密指定」を理由に審理できないと下した判断、と続いた。改正案は上下両院とも与野党の圧倒的多数で可決され、ときのフォード大統領が拒否権を発動したが、これを再議決で下院は三七一対三一、上院は六五対二七の票差でひっくり返し、成立させた。議会を支えたのは、市民たちやメディアだった。

たかが改正というなかれ。日本の国会の与野党と、これを支える市民やメディアに対しても、あるべき情報公開法の実現を目指し、大いなる奮闘を期待したい。市民の情報センターであるNPO「情報公開クリアリングハウス」（東京）も、野党の民主党もそれぞれに改正案を発表している。さらに取り組みの輪の広がりが待たれる。

本書は、総務省・検討会の作業日程に合わせ、朝日新聞社の月刊誌・朝日総研リポートの二〇〇四年四月号から〇五年三月号まで計十回連載した「情報公開法改正の論点」に最新データを盛り込み、さらに情報公開法を取材に活用した朝日新聞の取り組みを報告した同誌〇三年六月号の「情報公開法は霞が関に風穴を開けたか――朝日新聞の実証事例にみる効力と限界」の主要部分も取り込んで、大幅加筆・修正したものである。本書の出版と、付論の追加執筆を熱心にすすめてくださるとともに、遅筆を辛抱強く待ってくださった花伝社の社長、平田勝さんと編集者の杉浦真知子さんに対し、ここに深くお礼を申し上げる。朝日新聞社のプロジェクトで事務局の同僚スタッフとしてその立ち上げに精力的に動いた久保谷洋さん、公開請求案を積極的に考え出してくれた大勢の記者たちやプロジェクトを支えた鈴木紀雄さんら編集幹部、朝日総研リポートの編集人・岡本行正さん、渾大防三恵さんに、そして、事務局の煩雑な作業やデータの整理を長く手伝ってくれた武田一夫さんにあらためて謝意を表したい。

二〇〇五年八月

中島　昭夫

**中島昭夫**（なかしま　あきお）

1944年生まれ。69年朝日新聞社に入社。大阪社会部員、同学芸部、科学部、企画報道室の各デスク、東京社会部員、総合研究本部主任研究員を経て、04年定年退職。

この間88年に自治体情報公開条例・要綱の運用実態を全国で初めて調査、97年に日弁連の米国・情報自由法調査団に参加、01年に情報公開法の施行で発足した記者らによる同法活用プロジェクトの事務局スタッフ。

現在、桜美林大学講師（文章表現法）。

著書に『使い倒そう情報公開法――FOIA（米国情報自由法）もこうして使える』（日本評論社）、『分権型社会を創る8　市民の世紀へ』（ぎょうせい、共著・編集協力）、『それゆけ！情報公開』（せせらぎ出版、共著）。ほかに、ジュリスト増刊『ネットワーク社会と法』（88年）に自治体条例などの調査報告、雑誌『世界』に「指導要録の全面開示は進むか」（92年）、『新聞研究』に「情報公開制度は取材の手段になるか」（94年）、同「検証・取材ツールとしての情報公開制度――原点に戻り抜本改正を」（04年）などを執筆。

**これでいいのか情報公開法――霞が関に風穴は開いたか――**

2005年9月26日　初版第1刷発行

著者 ――中島昭夫
発行者 ――平田　勝
発行 ――花伝社
発売 ――共栄書房
〒101-0065　東京都千代田区西神田2-7-6 川合ビル
電話　03-3263-3813
FAX　03-3239-8272
E-mail　kadensha@muf.biglobe.ne.jp
URL　http：//www1.biz.biglobe.ne.jp/~kadensha
振替 ――00140-6-59661
装幀 ――澤井洋紀
印刷・製本 ―モリモト印刷株式会社


ISBN4-7634-0449-0 C0032